www.wunderkessel.de

Lieblingsrezepte

Band 3

...es geht auch ohne Fleisch!

Warum Sie dieses Buch lieben werden

Bewährt, gelingsicher und schmackhaft

Unter diesem Motto haben wir für Sie in unserer Wunderkessel-Buchreihe eine Auswahl beliebter und gelingsicherer Rezepte aus der umfangreichen Wunderkessel.de-Rezeptsammlung zusammengestellt. Weitere Bände mit unterschiedlichen Themenschwerpunkten wie zum Beispiel kalorienreduzierte oder saisonale Rezepte, sowie Spezialitäten aus verschiedenen Regionen und Ländern werden folgen.

Praktisch, schnell und gut

Behalten Sie den Überblick!

Der übersichtliche zweispaltige Aufbau der Rezepte ermöglicht es Ihnen, sämtliche Zutaten für die Einkaufsliste auf einen Blick zu erfassen. Durch die direkte Verknüpfung von Zutaten und den dazugehörigen Arbeitsschritten können Sie das jeweilige Rezept systematisch von oben nach unten „abarbeiten".

Die vorliegenden Rezepte sind für den Wunderkessel 31 verfasst, abweichende Zubereitungsangaben für den Wunderkessel 21 befinden sich in Klammern.

Ein Rezept – viele Möglichkeiten

Bleiben Sie flexibel!

Die zahlreichen praxistauglichen Anmerkungen, Rezeptvarianten und Serviervorschläge helfen Ihnen, die Rezepte Ihrem ganz persönlichen Geschmack, dem individuellen Anlass und dem Inhalt Ihres Vorratsschrankes anzupassen.

Für jeden Geschmack und jede Gelegenheit ist etwas dabei.

Mehr als nur ein Buch

Unter ***http://www.wunderkessel-kochbuch.de*** finden Sie weitere kostenlose Ergänzungen zu unseren Kochbüchern, wie beispielsweise Zutatenindex, Rezeptfotos, Gesamtinhaltsverzeichnis aller Bände und vieles mehr.

Viel Spaß beim Nachkochen!

Sacha Vorbeck, Melanie Winkler-Vorbeck und Barbara Böing
September 2009

Über Wunderkessel.de

Wunderkessel.de ist die größte Internetcommunity rund um das Thema Kochen mit Küchenmaschinen, insbesondere mit dem „Wunderkessel"!

Hunderte begeisterte Köchinnen und Köche haben in den Austauschforen im Laufe der letzten 9 Jahre weit über 12.000 Rezepte zusammengetragen, getestet und kommentiert — und täglich werden es mehr! In angenehmer Atmosphäre tauscht man sich hier aber längst nicht mehr nur über Rezepte aus. Viele Teilnehmer kennen sich mittlerweile von zahlreichen regionalen und überregionalen Treffen schon persönlich. „Wunderkesseln" steckt an.

Wir freuen uns auf Ihren Besuch unter

http://www.wunderkessel.de/

Bleiben Sie auf dem Laufenden!

Wenn Sie auch zukünftig über unsere Neuerscheinungen informiert werden wollen, dann schreiben Sie uns doch einfach eine E-Mail mit dem Betreff „Newsletter" an:

info@wunderkessel.de

DANKE!

Wir möchten uns herzlich bei all den fleißigen Rezeptschreiberlingen im Wunderkessel-Forum bedanken. Ohne Euch wäre dieses Buch nie entstanden!
Danke auch an Elke Schönbach, Gaby Eßmann und Andrea für die fachlich kompetente Unterstützung und an Anselm Cosler für die professionelle Gestaltung des Cover-Layouts! Ein besonderer Dank geht wieder an unsere Familien, die als Testesser gefordert wurden und uns mit Rat und Tat zur Seite standen. Ihr seid spitze!

„... es geht auch ohne Fleisch!"

Während Lieblingsrezepte Band 1 und 2 die Favoriten der Wunderkessel-Forenmitglieder beinhalten, ist dieser Band unser ganz persönlicher Liebling.

Sacha und ich sind seit über 10 Jahren Ovo-Lacto-Vegetarier, das heißt, wir essen weder Fleisch noch Fisch, nehmen aber – im Gegensatz zu Veganern – Eier und Milchprodukte zu uns.

Dass man auch ohne Fleisch lecker und abwechslungsreich kochen kann, möchten wir Ihnen auf den folgenden Seiten zeigen.

Wer nicht auf Fleisch verzichten mag, kann selbstverständlich viele Rezepte auch damit kochen.

Als alternative, sättigende Ein- oder Beilage bieten sich Tofu, Seitan, vegetarische Würstchen oder auch Bratlinge an. Ein Rezept für Linsenbratlinge finden Sie in diesem Band. Anleitungen für die Herstellung von Tofu und Seitan gibt es in unserem Austauschforum. Dort finden Sie auch Hinweise zum Marinieren und Würzen sowie viele tolle Rezepte. Tofu pur ist übrigens geschmacksneutral.

Hier noch ein Hinweis zur Verwendung von Öl:
In den meisten unserer Rezepte haben wir nicht genauer definiert, welches Öl verwendet werden soll. Wir persönlich nehmen ausschließlich kaltgepresste, native Öle, bevorzugt Oliven- und Rapsöl. Hier sollte man die Warentests verfolgen, denn nicht überall wo höchste Qualität versprochen wird, ist auch welche drin.

Ein persönliches Anliegen in Sachen Backpapier:
Viele unserer Rezepte weisen auf die Benutzung von Backpapier hin. Umweltfreundlicher ist das Einfetten des Backblechs / der Backform oder die Verwendung einer Dauerbackfolie/-matte, wenn möglich.

Viel Spaß beim Schmökern und Ausprobieren!

Melanie Winkler-Vorbeck
September 2009

Inhaltsverzeichnis

NACHSPEISEN

BROT

BRÖTCHEN

BROTAUFSTRICHE

DIPPS

SÜSSES

EIS

GETRÄNKE MIT ALKOHOL

GETRÄNKE OHNE ALKOHOL

TORTEN, KUCHEN UND GEBÄCK

SELBSTGEMACHTES

Tomatensuppe (für die man alles im Haus hat)

1	**Zwiebel**	in den Mixtopf geben und 5 Sekunden / Stufe 5 zerkleinern (Zwiebel halbieren, bei Stufe 5 auf das laufende Messer fallen lassen). Den Mixtopfdeckel öffnen und die Zwiebel mit dem Spatel zum Mixtopfboden schieben.
30 g	**Öl**	zugeben und $2\frac{1}{2}$ Minuten / Dampfgarstufe / Stufe 1 andünsten.
3 gestr EL	**Mehl**	zugeben und 30 Sekunden / Stufe 2 unterrühren.
1500 g	**Wasser**	
3 EL	**Gemüsebrühe (Instant)**	
200 g	**Tomatenmark (3-fach konzentriert)**	
1 – 2 EL	**Honig**	
$1\frac{1}{2}$ TL	**Salz**	
1 Pr	**Pfeffer**	
3 EL	**Suppennudeln**	zugeben und alles 10 Minuten / 100° / Stufe 1 (ohne Messbecher) garen. 1 Minute vor Ende der Garzeit
2 gestr EL	**Basilikum**	zur Suppe geben.

Anmerkungen:

- Beim Kochen unbedingt den Messbecher weglassen, damit die Suppe nicht überkocht. Als Spritzschutz den Siebeinsatz umgekehrt über die Deckelöffnung stellen.
- Diese Suppe ist blitzschnell zubereitet und schmeckt sogar Fans von Tütensuppen.

Rezeptvarianten:

- Anstelle von 200 g Tomatenmark 1 Dose Pizzatomaten (400 g) inkl. Flüssigkeit verwenden. Eventuell noch 50 g Tomatenmark zugeben. Vor dem Garen die Tomaten kurz auf Stufe 5 unterrühren und weiter wie oben angegeben verfahren.
- Reis statt Suppennudeln mitkochen. Die Garzeit dann allerdings auf 16 Minuten verlängern.
- Honig durch 2 EL Tomatenketchup austauschen.
- Kurz vor Ende der Garzeit 2 frische Tomaten (klein geschnitten) durch die Deckelöffnung zur Suppe geben. Schmeckt lecker und gibt optisch noch den letzten „Kick“.

Serviervorschlag:

- Die Suppe in Teller umfüllen und mit einem Klecks Schmand und etwas frischem Basilikum garnieren.

Kürbissuppe mit Ingwer und Curry

2 EL	**Hirse**	in den Mixtopf geben, 1 Minute / Stufe Turbo fein mahlen und umfüllen.
1 Stck	**Ingwer (nussgroß)**	
1	**Zwiebel**	in den Mixtopf geben und 5 Sekunden / Stufe 5 zerkleinern (Ingwer und Zwiebel (halbiert) nacheinander bei Stufe 5 auf das laufende Messer fallen lassen). Den Mixtopfdeckel öffnen und die Zwiebel mit dem Spatel zum Mixtopfboden schieben.
2 EL	**Butter**	zufügen und 2½ Minuten / Dampfgarstufe / Stufe 1 andünsten.
200 g	**Möhren (in Stücken)**	
400 g	**Kürbisfleisch (in Stücken)**	zugeben und 5 Sekunden / Stufe 8 zerkleinern.
750 g	**Wasser**	
1½ EL	**Gemüsebrühe (Instant)**	
1 TL	**Curry**	
evtl. 1 Pr	**Cayennepfeffer**	sowie die gemahlene Hirse zugeben, zunächst 10 Minuten / 100° / Stufe 2, dann 5 Minuten / 90° / Stufe 2 garen. Nach Ende der Garzeit
200 g	**Schmand**	zufügen und alles 20 Sekunden / Stufe 8 pürieren.

Anmerkungen:

- Diese leckere Kürbissuppe hat einen leicht exotischen Touch.

- Beim Pürieren langsam auf Stufe 8 hoch schalten, damit die heiße Suppe nicht aus dem Topf spritzt.
- Hokkaido-Kürbis kann samt Schale verwendet werden!
- Die Suppe ist sehr sämig.

Rezeptvarianten:

- Nach Geschmack noch mit Salz und Muskat verfeinern.
- Wer es gerne etwas schärfer mag, fügt noch einen Schuss Sambal Oelek zu.
- Variante als Linsensuppe: 100 g Kartoffeln (in groben Stücken) zusammen mit den Möhren in den Mixtopf geben und wie o.a. zerkleinern. Statt Kürbisfleisch 300 g Linsen (rot) zugeben und zerkleinern. Allerdings in dieser Variante 900 g Wasser und 1¾ EL Gemüsebrühe (Instant) verwenden. Eventuell mit etwas Soja-Sauce würzen.

Serviervorschlag:

- Die Suppe mit gerösteten Mandelplättchen bestreuen.

Kartoffelsalat, Faule Weiber

1 kg	**Kartoffeln (festkochend)**	schälen, waschen und in dünne Scheiben schneiden.
1	**Zwiebel**	in den Mixtopf geben und 5 Sekunden / Stufe 5 zerkleinern (Zwiebel halbieren, bei Stufe 5 auf das laufende Messer fallen lassen). Den Mixtopfdeckel öffnen und die Zwiebel mit dem Spatel zum Mixtopfboden schieben.
30 g	**Öl**	zugeben und 2½ Minuten / Dampfgarstufe / Stufe 1 andünsten.
500 g	**Wasser**	
1 EL	**Gemüsebrühe (Instant)**	
etw	**Salz**	
etw	**Pfeffer**	zugeben, die vorbereiteten Kartoffelscheiben in den Siebeinsatz füllen, diesen einhängen, den Mixtopf verschließen und 25 Minuten / Dampfgarstufe / Stufe 1 garen. Nach Ende der Garzeit die Kartoffeln in eine Schüssel umfüllen (den Garsud im Mixtopf belassen!), nach Geschmack mit
etw	**Muskat**	würzen und ca. 10 Minuten abkühlen lassen. Anschließend für das Dressing
2 – 3 EL	**Essig**	
2 – 3 EL	**Öl**	zur restlichen Garflüssigkeit in den Topf geben und 10 Sekunden / Stufe 2 verrühren. Das Dressing über die Kartoffeln geben und nach dem vollständigen Abkühlen vorsichtig untermischen.

Anmerkungen:

- Bei dieser „faulen“ Version entfällt das lästige Pellkartoffelkochen und anschließende –schälen.
- Je nach Kartoffelsorte kann die Garzeit etwas kürzer bzw. auch länger sein. Daher zwischendurch eine Garprobe machen!
- Damit die Kartoffelscheiben beim Kochen nicht zusammenkleben, diese vor dem Garen gut mit kaltem Wasser abspülen.
- Manche Kartoffelsorten nehmen das Dressing besser auf als andere. Wer unsicher ist, nimmt zunächst lieber etwas weniger und kann nach dem Einziehen noch „nachgießen“.
- Vor dem Genuss den Salat einige Stunden kalt stellen, damit das Dressing optimal einziehen kann.

Rezeptvarianten:

- 1 TL Speisestärke mit in das Kochwasser geben – das verleiht dem Salat „Glanz“!
- Der Salat lässt sich nach Lust und Laune mit dem bestücken, was der Vorrat gerade hergibt (z.B. gehobelte Salatgurke oder Essiggurkenstücke, Spargelabschnitte, Pilze oder auch halbierte Cocktailtomaten).
- Das Dressing zusätzlich mit Senf oder Curry würzen.
- In den leicht abgekühlten Salat noch ein rohes Ei untermischen – das ergibt einen feinen Geschmack. Hierbei darf der Salat jedoch nicht mehr heiß sein, sonst gerinnt das Ei. Unbedingt auch nur ein ganz frisches Ei (Bio-Qualität!) verwenden!

Serviervorschläge:

- Mit frischer Petersilie garnieren und lauwarm oder auch kalt genießen.
- Mit frischen Brötchen servieren. Tolle Brötchenrezepte finden Sie in diesem Band und auch in unserem Band 2.

Gurkensalat

2	**Knoblauchzehen**	
2 große	**Zwiebeln**	in den Mixtopf geben, 5 Sekunden / Stufe 5 zerkleinern (Knoblauch und Zwiebeln (halbiert) nacheinander bei Stufe 5 auf das laufende Messer fallen lassen). Den Mixtopfdeckel öffnen und die Zwiebeln mit dem Spatel zum Mixtopfboden schieben.
1 kg	**Schlangengurke (entkernt, in Stücken)**	zugeben, kurz auf Stufe 4, dann auf Stufe 3 - mit Sichtkontakt - bis zur gewünschten Größe zerkleinern und in eine Schüssel umfüllen. Für das Dressing
5 EL	**Essig**	
1 EL	**Öl**	
3 EL	**Zucker**	
2 TL	**Salz**	
etw	**Pfeffer**	
etw	**Dill**	
2 – 3 EL	**Senfkörner (schwarz)**	in den Mixtopf geben und alles 5 Sekunden / Stufe 2 verrühren. Das Dressing über die Gurken geben und im Kühlschrank über Nacht ziehen lassen, damit die Senfkörner die Flüssigkeit gut aufnehmen.

Anmerkung:

- Die Gurken lassen sich im Wunderkessel prima zerkleinern. Wir waren mit dem Ergebnis sehr zufrieden. Wer den Salat etwas dekorativer anrichten möchte, kann die Gurken natürlich auch von Hand in dünne Scheiben hobeln.

Tomatensalat Italien

1 – 2	**Knoblauchzehen**	
5	**Tomaten (mittelgroß, geviertelt)**	
½ TL	**Salz**	
1 Pr	**Pfeffer**	
2 EL	**Essig**	
1 TL	**Öl**	
½ TL	**Zucker**	
100 g	**Sahne (süß)**	in den Mixtopf geben und **langsam** – mit Sichtkontakt – bis auf Stufe 5 hoch schalten. Den Salat in eine Schüssel umfüllen.
Reichlich	**Petersilie (frisch)**	
reichlich	**Basilikum (frisch)**	in den Mixtopf geben, 5 Sekunden / Stufe 5 zerkleinern und über den Salat streuen.

Anmerkungen:

- Unbedingt **langsam** hoch schalten und Sichtkontakt halten. Ein paar Sekunden zu lange und die Tomaten sind nur noch als Sauce zu gebrauchen.
- Dieses Rezept klappt hervorragend im Wunderkessel 31. Beim Wunderkessel 21 waren wir mit dem Ergebnis zwar zufrieden, aber wir fanden die Tomaten per Hand klein geschnitten appetitlicher anzusehen. Wenn man also Gäste erwartet, im Zweifelsfall lieber eben „Hand anlegen“ und lediglich das Dressing im Wunderkessel 21 zubereiten.
- Der Salat schmeckt am besten, wenn er ca. 1 Stunde im Kühlschrank ziehen konnte.

Gemüse mit Schafskäse und Reis, mediterranes

500 g	**Wasser**	
1 EL	**Gemüsebrühe (Instant)**	
1	**Zwiebel (geviertelt)**	
1	**Knoblauchzehe**	
500 g	**Tomaten (passiert)**	
½ TL	**Salz**	in den Mixtopf geben, den Siebeinsatz einhängen und
250 g	**Reis (gewaschen)**	einwiegen und den Mixtopf verschließen.
Je ½	**Paprika (rot, grün, gelb, in Stücken)**	
1	**Zucchini (in Scheiben)**	
½	**Aubergine (in Scheiben)**	
2	**Tomaten (geachtelt)**	in den Garaufsatz füllen.
250 g	**Schafskäse (gewürfelt)**	in den Einlegeboden geben und mit
	Pfeffer	und
	Kräuter der Provence	scharf würzen.

Den Einlegeboden in den Garaufsatz legen, diesen aufsetzen, den Reis 2 Sekunden / Stufe 8 spülen und alles 20 bis 25 Minuten / Dampfgarstufe / Stufe 1 garen.
Nach Ende der Garzeit den Garaufsatz beiseite stellen und den Siebeinsatz mit dem Reis entnehmen.

Für die Sauce

100 g **Schmand**
½ TL **Pfeffer** .... zum restlichen Garsud in den Mixtopf geben und 20 Sekunden / Stufe 10 untermischen.

Anmerkungen:

- Da Reis durch das Polieren während der Herstellung noch Reste von Spelze und abgelöste Silberhäutchen enthält, sollte man ihn vor dem Kochen immer waschen (gilt nicht für Risottoreis). Zum Waschen bietet sich der Siebeinsatz an, den man mit dem Reis befüllt und dann so lange unter fließendem Wasser umrührt, bis das abfließende Wasser klar ist.

Rezeptvarianten:

- Reis durch Kartoffeln, Nudeln oder auch Schnellkochdinkel ersetzen.
- Nach Lust und Laune das Gemüse austauschen. Sehr lecker ist dieses Gericht z.B. auch mit frischen Champignons, Fenchel und Möhren.
- Für eine kalorienreduzierte Variante den Schmand durch einen fettarmen Frischkäse austauschen.

Serviervorschlag:

- Reichen Sie zu diesem Gericht einen leckeren Salat, z.B. unseren Gurken- oder den Tomatensalat. Beide Rezepte finden Sie ebenfalls in diesem Band.

Apfelpfannkuchen vom Blech

Für den Teig:

200 g	**Milch**	
100 g	**Mineralwasser**	
230 g	**Mehl**	
½ TL	**Backpulver**	in den Mixtopf geben und 15 Sekunden / Stufe 3 (15 Sekunden / Stufe 4) vermischen.
4	**Eier**	
1 Pr	**Salz**	zugeben, 4 bis 5 Sekunden / Stufe 5 (10 Sekunden / Stufe 4) verrühren und mindestens 15 Minuten im Topf quellen lassen. In der Zwischenzeit:

Für den Belag:

3 große	**Äpfel**	in ½ cm dicke Spalten schneiden,
3 EL	**Zitronensaft**	zufügen und gut vermengen.
		Nach der Quellzeit den Teig nochmals 10 Sekunden / Stufe 4 (10 Sekunden / Stufe 5) verrühren und auf ein gefettetes (oder mit Backpapier ausgelegtes) Backblech geben. Die Apfelspalten gleichmäßig auf dem Teig verteilen.

Für den Guss:

50 g	**Butter**	in den gesäuberten Mixtopf geben, 1 Minute / 90° / Stufe 2 (1 Minute / 90° / Stufe 3) schmelzen. Anschließend
½ TL	**Zimt**	

50 g	**Zucker**	zufügen und nochmals 1 Minute / 90° / Stufe 2 (1 Minute / 90° / Stufe 3) vermischen. Die Butter-Zimt-Mischung gleichmäßig über die Äpfel geben und im vorgeheizten Backofen ca. 15 bis 20 Minuten bei 180° backen.

Anmerkungen:

- Der Teig ist ziemlich flüssig.
- Butter lässt sich einfach selbst herstellen. Ein entsprechendes Rezept finden Sie in unserem Band 1.
- Diese Pfannkuchen sind nicht nur megalecker und ruck-zuck zubereitet, sie hinterlassen auch nicht das übliche Chaos in der Küche und den obligatorischen Pfannkuchengeruch inkl. Fettspritzer.

Rezeptvarianten:

- Wer es gerne süß mag, nimmt nur 2 Äpfel, dafür aber zusätzlich eine Banane. Dann 50 g Milch durch Orangensaft austauschen. Für den Guss nur 30 g Butter verwenden, zusätzlich 1 TL Kakao und einen Schuss Milch zufügen.
- Für eine kalorienreduzierte Variante wie folgt abwandeln: Für den Teig Milch mit einem Fettanteil von 1,5 % (besser noch 0,3 %) verwenden und für den Guss statt der „normalen" Butter Halbfett- oder Joghurtbutter und nur 40 g Zucker nehmen.

Serviervorschlag:

- Schleckermäulchen können den Pfannkuchen vor dem Servieren noch mit Ahornsirup beträufeln.

Hirtenomelett vom Blech

Für den Teig:

5	**Eier**	
125 g	**Mehl (Type 550)**	
125 g	**Milch**	
etw	**Salz**	
etw	**Pfeffer**	
1 Pr	**Muskat**	in den Mixtopf geben und 30 Sekunden / Stufe 4 verrühren. Den Teig in eine Schüssel umfüllen und 15 Minuten quellen lassen. In der Zwischenzeit den Mixtopf säubern und den Belag darin zubereiten.

Für den Belag:

2 – 3	**Knoblauchzehen**	
2	**Schalotten**	in den Mixtopf geben, 5 Sekunden / Stufe 5 zerkleinern (Knoblauch und Schalotten (halbiert) nacheinander bei Stufe 5 auf das laufende Messer fallen lassen). Den Mixtopfdeckel öffnen und die Schalotten mit dem Spatel zum Mixtopfboden schieben.
30 g	**Öl**	zugießen und 2½ Minuten / Dampfgarstufe / Stufe 1 andünsten.
450 g	**Blattspinat (tiefgekühlt)**	
1 EL	**Gemüsebrühe (Instant)**	zugeben und 5 Minuten / 100° / Stufe 1 vorgaren. Mit
	Salz	

	Pfeffer	und
	Muskat	abschmecken und zum Abtropfen in den Siebeinsatz umfüllen.

Fertigstellung

		Dem Omelett-Teig
125 g	**Mineralwasser**	zufügen und mit einem Löffel verrühren. Ein tiefes Backblech mit Backpapier auslegen und den Teig einfüllen, mit dem gut abgetropften Spinat und
2	**Tomaten (klein geschnitten)**	belegen.
100 g	**Feta (in Stücken)**	und
125 g	**Mozzarella (in Stücken)**	darüber verteilen, nach Geschmack mit
	Kräuter der Provence	bestreuen und im vorgeheizten Backofen bei 180° Ober-/Unterhitze ca. 30 Minuten backen.

Anmerkungen:

- Der Teig ist sehr flüssig und wird erst beim Backen fest.
- Kalt oder warm genießen.

Rezeptvarianten:

- Das Gemüse für den Belag nach Belieben durch Brokkoli, Möhren, Blumenkohl, Champignons, Zucchini etc. austauschen. Bei tiefgekühltem Gemüse dieses vor dem Garen eventuell unter warmem Wasser antauen. Wenn die Stücke zu groß sind, vor dem Garen auf Stufe 4 bis 5 zerkleinern, bis die gewünschte Größe erreicht ist.
- Statt Kräuter der Provence Zitronen-Thymian, Basilikum und Oregano verwenden. Zusätzlich noch mit ein paar frischen Rosmarin-Nadeln bestreuen.

Parmesan-Nussbraten

150 g	**Parmesan**	in den Mixtopf geben, 15 Sekunden / Stufe 10 zerkleinern und in zwei Schüsseln umfüllen (100 g und 50 g).
100 g	**Pinienkerne**	
100 g	**Mandeln**	
50 g	**Cashewkerne (ungesalzen)**	ohne Fett in einer Pfanne anrösten, anschließend in den Mixtopf geben, 5 Sekunden / Stufe 8 zerkleinern und in die Schüssel mit den 100 g Parmesan umfüllen.
3	**Knoblauchzehen**	
3	**Schalotten (halbiert)**	in den Mixtopf geben, 5 Sekunden / Stufe 5 zerkleinern (Knoblauch und Schalotten nacheinander bei Stufe 5 auf das laufende Messer fallen lassen). Den Deckel öffnen und die Masse mit Hilfe des Spatels in Richtung Mixtopfboden schieben.
40 g	**Olivenöl**	zugießen und 2½ Minuten / Dampfgarstufe / Stufe 2 andünsten.
½ Bd	**Petersilie**	
200 g	**Möhren (in Stücken)**	
120 g	**Paprika (rot, in Stücken)**	zugeben und 10 Sekunden / Stufe 6 zerkleinern.
100 g	**Lauch (in Ringen)**	

1 EL	**Kräuter der Provence**	zufügen und alles 10 Minuten / 100° / Rückwärtsgang / Stufe 1 bis 2 (10 Minuten / 100° / Stufe 2) garen.
250 g	**Saure Sahne**	
4	**Eier**	sowie die Parmesan-Nussmischung zugeben und 30 Sekunden / Rückwärtsgang / Stufe 4 (30 Sekunden / Stufe 3 bis 4) vermengen. Mit
etw	**Salz**	und
etw	**Pfeffer**	abschmecken, in eine mit Backpapier ausgelegte 30er Kastenform füllen, mit den restlichen 50 g Parmesan bestreuen und im vorgeheizten Backofen bei 180° ca. 50 Minuten goldbraun backen.

Anmerkung:

- Dieser vollwertige Braten schmeckt sehr herzhaft und lecker!

Rezeptvarianten:

- Nach Geschmack noch Muskat zugeben.
- Statt Mandeln Haselnüsse verwenden.
- Saure Sahne durch 200 g Schmand und 50 g Kräuterfrischkäse austauschen.
- Eventuell noch ein paar getrocknete Tomaten (in Öl) mit in den Teig kneten.
- Nach Geschmack vor dem Backen noch kleine Butterflöckchen auf dem Teig verteilen.

Serviervorschlag:

- Als Beilage empfehlen wir unseren Gurkensalat und Schweizer Bürli. Beide Rezepte finden Sie ebenfalls in diesem Band.

Möhrenspätzle mit Varianten

300 g	**Möhren (geschält, in Stücken)**	in den Mixtopf geben und 10 Sekunden / Stufe 4 grob zerkleinern.
200 g	**Milch**	zugießen und 30 Sekunden / Stufe Turbo pürieren.
350 g	**Mehl**	
2	**Eier**	
2 TL	**Salz**	
1 TL	**Öl**	
1 Pr	**Muskat**	zugeben, 20 Sekunden / Stufe 5 (evtl. mit Hilfe des Spatels) gut vermengen, in eine Schüssel umfüllen und ca. 10 Minuten quellen lassen. In einem Kochtopf
2 – 3 l	**Wasser**	mit
etw	**Salz**	zum Kochen bringen und die Spätzle mit Hilfe einer Spätzlepresse portionsweise in das kochende Wasser geben. Sie sind gar (nach ca. 1 bis 2 Minuten), wenn sie an der Wasseroberfläche schwimmen.

Anmerkungen:

- Dieser Teig ist fix gemacht, sehr lecker und aufgrund der Farbe ein Blickfang auf jedem Teller!
- Wir haben die Spätzle mit einer Presse aus Edelstahl zubereitet. Die Presse vor dem Befüllen (und auch immer mal wieder zwischendurch) in kaltes Wasser halten. Auf diese Weise kleben die Spätzle nicht so sehr an. Die Spätzlepresse kann man übrigens auch für die Herstellung von Kartoffelpüree oder Spaghettieis benutzen. Im Handel gibt es auch günstigere Varianten, z.B. Pressen aus Kunststoff, sowie Spätzleschaber oder –hobel.

Rezeptvarianten:

- Die Spätzle nach dem Kochen kurz in einer Pfanne in etwas Butter schwenken.
- Vollkornspätzle (ohne Möhren): 150 g Dinkel (1 Minute / Stufe Turbo mahlen und umfüllen), 100 g Weizen (1 Minute / Stufe Turbo mahlen), gemahlenen Dinkel sowie 3 Eier, 80 g Milch, etwas Salz zugeben und auf Stufe 5 zu einem dickflüssigen Teig verarbeiten. Den Teig mindestens 15 Minuten quellen lassen und anschließend wie oben angegeben fortfahren.

Serviervorschläge:

- Die Möhrenspätzle zusammen mit unseren Linsenbratlingen und dem Gurkensalat ergeben ein vollwertiges, leckeres Gericht. Beide Rezepte finden Sie ebenfalls in diesem Band.
- Sehr lecker schmecken die Spätzle auch mit „geschmelzten“ Zwiebeln. Die Spätzle in eine gefettete Auflaufform geben, die Zwiebelmasse darüber verteilen und im vorgeheizten Backofen bei 180° Ober-/Unterhitze ca. 20 Minuten „schmelzen“. Das Rezept für „geschmelzte“ Zwiebeln finden Sie ebenfalls in diesem Band.
- Als Käsespätzle: Die fertigen Spätzle portionsweise mit geriebenem Emmentaler oder einem anderen herzhaften Reibkäse in eine gefettete Auflaufform schichten. Bei 180° im vorgeheizten Backofen warm halten.

Gnocchi aus Buchweizen

200 g	**Buchweizen**	in den Mixtopf geben und 1 Minute / Stufe 10 fein mahlen.
400 g	**Kartoffeln (gekocht, vom Vortag, geviertelt)**	
etw	**Salz**	
1 Pr	**Muskat**	
1	**Ei**	
1 EL	**Schmand**	zugeben und 1 bis 2 Minuten / Stufe 3 vermengen. Den Teig entnehmen, in 3 Teile teilen, auf einer leicht bemehlten Arbeitsfläche jeweils zu Rollen formen und mit dem Messer etwa 3 cm dicke und 1 cm lange Stücke abschneiden. Die Enden etwas anformen und mit einer Gabel das typische Gnocchi-Muster aufdrücken. Die Gnocchi ziegelartig in den gefetteten Garaufsatz legen und verschließen.
500 g	**Wasser**	
etw	**Salz**	in den Mixtopf füllen, den Garaufsatz aufsetzen und 20 Minuten / Dampfgarstufe / Stufe 1 garen.

Anmerkung:

- Für die Zubereitung der Gnocchi unbedingt mehlig kochende Kartoffeln (am Vortag gekocht) verwenden.

Rezeptvariante:

- Statt 200 g Buchweizen folgende Varianten verwenden: 100 g Hirse und 100 g Buchweizen, 200 g Dinkel (fein gemahlen), 100 g Maismehl und 100 g Weizenmehl oder 50 g Dinkel (fein gemahlen), 100 g Maismehl und 50 g Weizenmehl (Type 405).

Serviervorschläge:

- Zu den Gnocchi unsere leckere Käsesauce („wie beim Italiener") oder auch die pikante Spinatsauce servieren. Beide Rezepte finden Sie ebenfalls in diesem Band.
- Geben Sie mal „geschmelzte" Zwiebeln über die Gnocchi – ein Traum. Das Rezept finden Sie natürlich auch in diesem Band.

Linsenbratlinge (ca. 8 Stück)

200 g	**Linsen (grün, gekeimt)**	
100 g	**Zwiebeln (geviertelt)**	
100 g	**Lauch (in Ringen)**	
100 g	**Möhren (in Stücken)**	
100 g	**Pilze**	in den Mixtopf geben und ca. 10 Sekunden / Stufe 4 zerkleinern.
2 EL	**Weizenmehl (Type 1050)**	
1	**Ei**	zugeben, mit
etw	**Salz**	
etw	**Pfeffer**	und
etw	**Schnittlauch (in Röllchen)**	würzen, alles 5 Sekunden / Stufe 4 (nicht höher, sonst wird die Masse zu matschig!) vermengen, entnehmen und zu Bratlingen formen. Diese in
	Paniermehl	wenden und in einer Pfanne mit
	Öl (heiß)	braten.

Anmerkungen:

- Um die Bratlinge zu formen, kann man sehr gut einen Eisportionierer zu Hilfe nehmen.
- Sollte die Masse zu feucht sein, noch 1 – 2 EL Vollkornmehl untermengen.
- Die Bratlinge beim Anbraten nicht zu früh wenden, sonst fallen sie auseinander! Damit sie gut durchbraten, am besten direkt zu Anfang in der Pfanne etwas „platt“ drücken.

- Linsen sind reich an Eiweiß und Kohlehydraten und dabei fettarm. Vegetarier essen Linsen u.a. gerne wegen ihres recht hohen Eisengehalts. Für dieses Rezept können Sie „normale“ Linsen aus der Tüte verwenden und diese selbst keimen lassen. Beim Keimen erhöht sich der Gehalt an Vitaminen und Mineralstoffen. Hierfür gibt es spezielle Keimgeräte aus Kunststoff oder Ton, bei denen mehrere Schalen aufeinander gestapelt werden, um verschiedene Sorten gleichzeitig keimen zu können. Dabei werden die Linsen zunächst 8 Stunden in Wasser eingeweicht, dann kommen sie in das Keimgefäß und werden 2 bis 3mal täglich mit frischem Wasser gespült. Nach etwa 3 Tagen sind die Keimlinge genießbar und können sogar ohne Blanchieren roh verzehrt werden.
- Verwenden Sie Pilze nach Geschmack – frisch, aus der Dose oder dem Glas!

Rezeptvarianten:

- Sesam statt Paniermehl für die Panade verwenden.
- Wenn Sie keine gekeimten Linsen zur Verfügung haben, können Sie auch über Nacht in Wasser eingeweichte oder trockene, auf Stufe Turbo gemahlene, Linsen verwenden!
- Probieren Sie die Bratlinge mal mit roten Linsen!
- Pilze durch Zucchini, Brokkoli, Blumenkohl oder auch vegetarische Bratwürste (jeweils in Stücken) austauschen.
- Das Ei durch Sauerrahm ersetzen.
- Eventuell noch Schmand zugeben.

Serviervorschlag:

- Diese leckeren Bratlinge schmecken hervorragend zu Möhrenspätzle, Gnocchi oder den herzhaften Nudeln. Dazu passt die vegetarische Bratensauce oder auch der Senf. Alle Rezepte finden Sie ebenfalls in diesem Band!

Nudeln, herzhafte (ohne Ei)

Für den Nudelteig:

350 g	**Hartweizengrieß**	
150 g	**Wasser**	
1 Pr	**Salz**	
1 EL	**Öl**	
1 EL	**Kräuter (gehackt, nach Geschmack)**	in den Mixtopf geben und 2 Minuten / Stufe 5 vermengen. Evtl. zu Beginn mit Hilfe des Spatels. Den Teig herausnehmen, zu einer Kugel formen und bei Zimmertemperatur abgedeckt ca. 30 Minuten ruhen lassen.

Fertigstellung:

Den Teig nach der Ruhezeit auf einer leicht bemehlten Arbeitsfläche mit dem Nudelholz dünn ausrollen und beliebig weiterverarbeiten: in schmale Streifen schneiden, zu Schleifchen formen, Motive ausstechen oder auch Lasagneplatten ausschneiden.

Etwas antrocknen lassen und in reichlich

Salzwasser .... direkt kochen.

Die Kochzeit beträgt je nach Dicke der Teigwaren ca. 5 Minuten.

Anmerkungen:

- Die Nudeln können auch im leicht gefetteten Garaufsatz in ca. 20 bis 30 Minuten (je nach Teigdicke) gegart werden.

- Zur Aufbewahrung die rohen (ungekochten) Nudeln auf einem Backgitter zunächst gut trocknen lassen und dann in Tüten (z.B. Gefrierbeutel) abpacken.

Rezeptvarianten:

- Für „normale“ Nudeln die Kräuter in der Zubereitung weglassen.
- Eine zerkleinerte Knoblauchzehe oder Chilischote (5 Sekunden / Stufe 5 – bei Stufe 5 auf das laufende Messer fallen lassen) mit in den Nudelteig geben.
- Probieren Sie den Nudelteig mal mit getrockneten, zerkleinerten Pilzen.
- Variante für Eiernudeln: 250 g Weizenmehl (Type 405), 3 Eier, 1 EL Olivenöl, 1 Prise Salz in den Mixtopf geben und 1 Minute / Stufe 6 vermischen. Den Teig aus dem Topf nehmen und wie oben angegeben weiter verarbeiten.

Serviervorschlag:

- Zu diesen Nudeln passt unsere leckere Käsesauce „wie beim Italiener“, die pikante Spinatsauce oder auch unsere Grünkern-Bolognese-Sauce. Alle drei Rezepte finden Sie ebenfalls in diesem Band.

Nudeln, süße (ohne Ei)

300 g **Hartweizengrieß**
1 Pr **Salz**
1 EL **Zucker**
150 g **Früchte (nach Belieben, z.B. Himbeeren)**
30 g **Wasser**
1 EL **Öl (neutral)** .... in den Mixtopf geben und 2 Minuten / Stufe 5 vermengen. Evtl. zu Beginn mit Hilfe des Spatels.
Den Teig herausnehmen, zu einer Kugel formen und bei Zimmertemperatur abgedeckt ca. 30 Minuten ruhen lassen.

Fertigstellung:

Den Teig nach der Ruhezeit auf einer leicht bemehlten Arbeitsfläche mit dem Nudelholz dünn ausrollen und beliebig weiterverarbeiten: in schmale Streifen schneiden, zu Schleifchen formen, Motive ausstechen oder auch Lasagneplatten ausschneiden.
Etwas antrocknen lassen und in reichlich
Salzwasser .... direkt kochen.
Die Kochzeit beträgt je nach Dicke der Teigwaren ca. 5 Minuten.

Anmerkungen:

- Die Nudeln können auch im leicht gefetteten Garaufsatz in ca. 20 bis 30 Minuten (je nach Teigdicke) gegart werden.

- Zur Aufbewahrung die rohen (ungekochten) Nudeln auf einem Backgitter zunächst gut trocknen lassen und dann in Tüten (z.B. Gefrierbeutel) abpacken.
- Verwenden Sie frische Früchte oder aufgetaute Tiefkühlware.
- Wer keine Kerne mag, sollte die Früchte vor der Verarbeitung im Wunderkessel pürieren und die Masse dann durch ein feines Sieb streichen.
- Diese tollen Nudeln sind, z.B. in Herzform ausgestochen, mal eine ausgefallene Geschenkidee.
- Je nach Sorte der verwendeten Früchte erhalten Sie neben der Geschmacksrichtung auch immer wieder eine andere Farbe. Wie wäre es z.B. mal mit hellgrünen Kiwi-Nudeln?

Serviervorschlag:

- Mit Vanillesauce serviert eine echte „Leckerei“. Ein Rezept für Vanillesauce finden Sie übrigens ebenfalls in diesem Band!

Zwiebeln, geschmelzte

2	**Zwiebeln (mittelgroß)**	in den Mixtopf geben und 5 Sekunden / Stufe 5 zerkleinern (Zwiebeln halbieren, bei Stufe 5 auf das laufende Messer fallen lassen). Den Mixtopfdeckel öffnen und die Zwiebel mit dem Spatel zum Mixtopfboden schieben.
80 g	**Margarine**	
1 geh TL	**Gemüsebrühe (Instant)**	zugeben und 8 Minuten / 70° / Stufe 1 bis 2 anschwitzen. Ca. 1 Minute vor Ablauf der Zeit
½ MB	**Sahne**	durch die Deckelöffnung einfüllen.

Anmerkung:

- Die Zwiebeln sind glasig, haben aber noch einen ganz leichten „Biss“.

Rezeptvariante:

- Margarine durch Butter oder auch Rapsöl ersetzen.

Serviervorschlag:

- Genießen Sie „geschmelzte“ Zwiebeln zu unseren Möhrenspätzle, Gnocchi oder auch über Bratkartoffeln. Die Rezepte für Möhrenspätzle und Gnocchi finden Sie ebenfalls in diesem Band.

Bratensauce, vegetarische

1 große	**Zwiebel**	in den Mixtopf geben und 5 Sekunden / Stufe 5 zerkleinern (Zwiebel halbieren, bei Stufe 5 auf das laufende Messer fallen lassen). Den Mixtopfdeckel öffnen und die Zwiebel mit dem Spatel zum Mixtopfboden schieben.
30 g	**Öl**	zugeben und 2½ Minuten / Dampfgarstufe / Stufe 1 andünsten.
3 EL	**Mehl**	
1 – 2 EL	**Curry**	zufügen und 1 Minute / 100° / Stufe 1 bis 2 anschwitzen.
250 g	**Wasser**	
1 EL	**Gemüsebrühe**	
	(Instant)	zugießen und alles 5 Minuten / 100° / Stufe 2 bis 3 köcheln lassen. 1 Minute vor Ablauf der Garzeit
250 g	**Sahne**	
	(süß)	durch die Deckelöffnung einfüllen. Mit
	Salz	und
	Pfeffer	abschmecken.

Anmerkungen:

- Diese leckere Sauce passt zu vielen Gemüsegerichten, Beilagen und Bratlingen, u.a. auch zu den köstlichen Linsenbratlingen in diesem Band.
- Beim Einfüllen der Zutaten darauf achten, dass diese möglichst nicht auf der Messermitte landen. Besonders Gewürze und auch Mehl bleiben dort schon mal gerne kleben und vermischen sich dann schlecht mit den restlichen Zutaten. Daher besser den Deckel vorher abnehmen.

Grünkern-Bolognese-Sauce

200 g	**Grünkern**	in den Mixtopf geben, 10 Sekunden / Stufe Turbo schroten und umfüllen.
1	**Knoblauchzehe**	
1	**Zwiebel**	in den Mixtopf geben, 5 Sekunden / Stufe 5 zerkleinern (Knoblauch und Zwiebel (halbiert) nacheinander bei Stufe 5 auf das laufende Messer fallen lassen). Den Mixtopfdeckel öffnen und die Zwiebel mit dem Spatel zum Mixtopfboden schieben.
30 g	**Öl**	zufügen und 2½ Minuten / Dampfgarstufe / Stufe 1 andünsten.
2	**Möhren (in groben Stücken)**	mit in den Mixtopf geben und 5 Sekunden / Stufe 5 zerkleinern. Den geschroteten Grünkern sowie
900 g	**Wasser**	
2 EL	**Gemüsebrühe (Instant)**	
50 g	**Tomatenmark**	
2 TL	**Kräuter der Provence (getrocknet)**	
etw	**Paprikagewürz**	
etw	**Muskat**	
½ TL	**Salz**	
1 Pr	**Pfeffer**	zugeben und alles 10 Minuten / 100° / Stufe 3 garen.

Anmerkungen:

- Grünkern erhält man mittlerweile in fast jedem gut sortieren Supermarkt oder in Naturkost-Läden.

- Reste im Kühlschrank aufbewahren.
- Grünkern zieht viel Wasser! Am Folgetag daher unbedingt noch etwas Flüssigkeit zugeben. Hierzu eignet sich Mineralwasser mit etwas Tomatenmark oder Ketchup.

Rezeptvarianten:

- Eventuell noch etwas Stangensellerie mitgaren.
- Nach Geschmack frische Tomaten oder aus der Dose (samt Flüssigkeit) mitkochen.
- Ca. 2 Minuten vor Ablauf der Garzeit eine klein geschnittene vegetarische Bratwurst zugeben.
- Nach dem Garen noch 1 EL Kräuterfrischkäse zugeben und das Ganze auf Stufe 3 verrühren.
- Wer es gerne scharf mag, gibt noch eine Prise Chilipulver hinzu.
- Sehr lecker auch in einem Gemüseauflauf.

Serviervorschlag:

- Diese leckere und sättigende Sauce passt hervorragend zu Pasta, z.B. zu unseren herzhaften Nudeln. Mit Parmesan bestreuen und genießen. Das Rezept für die Nudeln finden Sie ebenfalls in diesem Band.

Gemüse-Sauce, pikante grüne

1 – 2	**Knoblauchzehen**	
1	**Zwiebel**	in den Mixtopf geben, 5 Sekunden / Stufe 5 zerkleinern (Knoblauch und Zwiebel (halbiert) nacheinander bei Stufe 5 auf das laufende Messer fallen lassen). Den Mixtopfdeckel öffnen und die Zwiebel mit dem Spatel zum Mixtopfboden schieben.
30 g	**Öl**	zugießen und 2½ Minuten / Dampfgarstufe / Stufe 1 andünsten.
300 g	**Spinat (tiefgekühlt, portionierbar)**	
300 g	**Brokkoli (tiefgekühlt)**	
100 g	**Schmand**	
4 EL	**Sojasauce**	
1 Pr	**Muskat**	
1 EL	**Gemüsebrühe (Instant)**	
2	**Tomaten (halbiert)**	zugeben und kurz auf Stufe 4 (eventuell mit Hilfe des Spatels) zerkleinern. Alles 10 Minuten / 100° / Stufe 2 garen. 5 Minuten vor Ende der Garzeit auf Stufe 1 runterschalten. Anschließend 10 Sekunden / Stufe Turbo pürieren.

Anmerkungen:

- Beim Zerkleinern des tiefgekühlten Gemüses kann es sein, dass der Wunderkessel etwas „hüpft". Das Gemüse daher vor dem Einfüllen eventuell unter lauwarmem Wasser antauen und zu große Stücke etwas zerkleinern.

- Bei der Verwendung von Blattspinat eventuell länger pürieren.

Rezeptvarianten:

- Erbsen (tiefgekühlt) anstelle von Brokkoli verwenden.
- Schmand durch Kräuterfrischkäse oder saure Sahne ersetzen.
- 2 Senfgurken oder Kapern statt Tomaten nehmen.
- Nach dem Pürieren etwas gewürfelten Feta (nicht zu viel, denn die Sojasauce hat ja schon einen salzigen Geschmack) zugeben und auf Stufe 3 bis 4 unterrühren.

Serviervorschläge:

- Diese pikante Sauce passt hervorragend zu Pasta, z.B. unseren Gnocchi, Spätzle oder auch den herzhaften Nudeln. All diese Rezepte finden Sie ebenfalls in diesem Band.
- Sehr köstlich auch in einem Auflauf.

Käsesauce – wie „beim Italiener“

100 g	**Gouda (jung)**	
100 g	**Pecorino**	in den Mixtopf geben und kurz auf Stufe 5 bis 6 zerkleinern.
100 g	**Milch**	
100 g	**Wasser**	
½ – 1 EL	**Gemüsebrühe (Instant)**	
1 EL	**Mehl**	zugeben und 8 Minuten / 90° / Stufe 2 aufkochen.
1 EL	**Petersilie (frisch)**	zufügen und mit
2 TL	**Zitronensaft**	
1 Pr	**Muskat**	und
etw	**Pfeffer (weiß)**	abschmecken.

Anmerkung:

- Sollte die Konsistenz noch zu flüssig sein, einfach noch etwas Käse, Mehl oder Speisestärke zufügen und nochmals aufkochen.

Rezeptvarianten:

- Sahne oder fettreduzierten Sahneersatz statt Milch verwenden.
- Mehl durch Speisestärke ersetzen. Diese lässt sich auch einfach selbst herstellen. Ein entsprechendes Rezept finden Sie in unserem Band 1.
- Tiefgekühlte anstelle frischer Petersilie verwenden. Diese bereits 1 Minute vor Ablauf der Garzeit durch die Deckelöffnung zugeben.
- Statt Pecorino andere herzhafte Käsesorten verwenden, z.B. Parmesan oder Emmentaler. Hierbei die Gemüsebrühe vorsichtig dosieren, da einige Käsesorten schon recht salzig schmecken. Lieber erst beim Abschmecken etwas nachwürzen. Je nach verwendeter Käse-

sorte kann die Sauce etwas fester werden, verdünnen Sie dann mit etwas Milch.

Serviervorschläge:

- Diese tolle Sauce passt hervorragend zu Pasta, z.B. unseren Gnocchi, Spätzle oder auch den herzhaften Nudeln. All diese Rezepte finden Sie ebenfalls in diesem Band.
- Sehr lecker auch zu Gemüse oder zum Überbacken in einem Auflauf.

Dinkel-Schnecken, gefüllt mit Feta-Oliven-Creme

Teig

100 g	**Dinkel**	in den Mixtopf geben und 1 Minute / Stufe Turbo fein mahlen.
1 Wü	**Hefe**	
250 g	**Wasser**	
2 EL	**Olivenöl**	
1 EL	**Essig**	
1 Pr	**Zucker**	zugeben und 2 Minuten / 37° / Stufe 1 (2 Minuten / 40° / Stufe 1) erwärmen.
400 g	**Dinkelmehl (Type 630)**	
1 TL	**Salz**	zufügen und alles 2 Minuten / Teigstufe kneten. Den Teig aus dem Mixtopf nehmen, auf eine bemehlte Arbeitsfläche geben und mit einem leichten Tuch abdecken. Den Mixtopf säubern, trocknen und während der Gehzeit die Füllung zubereiten.

Füllung

2	**Knoblauchzehen**	
1	**Zwiebel (halbiert)**	
200 g	**Oliven (gemischt, grün und schwarz)**	
150 g	**Feta (in groben Stücken)**	
1 TL	**Kräuter der Provence**	

3 EL	**Olivenöl**	in den Mixtopf geben und 4 Sekunden / Stufe 5 (10 Sekunden / Stufe 5 bis 6) zerkleinern.

Fertigstellung

Den Hefeteig zu einem Rechteck ausrollen.
Nun die Füllung darauf verteilen. und anschließend den Teig aufrollen.
Von der Rolle ca. 2 bis 3 cm breite Scheiben (Schnecken) abschneiden und diese auf ein mit Backpapier ausgelegtes Backblech legen.
Bei 180° Ober-/Unterhitze im Backofen auf mittlerer Schiene ca. 30 Minuten backen.

Anmerkungen:

- Dieser vollwertige Snack ist blitzschnell zubereitet und dazu noch oberlecker.
- Das Rezept ergibt ein ganzes Blech voll – die Schnecken gehen beim Backen schön auf.
- Als Staubschutz vor dem Mahlen des Dinkels einfach ein Stück Küchenkrepp zwischen Deckel und Mixtopf klemmen.
- Wer lieber kleine Schnecken zubereiten möchte, kann zunächst jeweils die halbe Teig- und Füllmenge zubereiten (Zutaten einfach halbieren). Während die erste Portion Schnecken im Ofen backt, ist Zeit, die zweite Portion vorzubereiten. Bei kleinen Schnecken bietet es sich an, diese in Muffinformen zu backen. Die Backzeit ist hierbei etwas kürzer.

Rezeptvarianten:

- Wer es gerne „scharf" mag, kann die Anzahl der Knoblauchzehen erhöhen.

- Der Belag kann nach Lust und Laune variiert werden, z.B. mit eingelegten Tomaten, etwas mildem Chili, eingelegten Peperoni, Tomatenmark etc.
- Als „blitzschnelle Variante“ Blätterteig statt Hefeteig verwenden. Hierzu den Blätterteig mit der Füllung bestreichen, aufrollen und kurz in das Gefrierfach legen. Der Teig lässt sich dann besser schneiden und die Füllung läuft nicht weg. Die Backzeit kann hierbei etwas kürzer sein. Lieber öfter einen Blick in den Backofen werfen!

Serviervorschläge:

- Die Schnecken eignen sich als leckerer Snack für zwischendurch, auf einem Fingerfood-Buffet oder auch als Partymitbringsel.
- Mit einem leckeren Salat ergibt dieses Gericht eine sättigende Hauptmahlzeit. Salatrezepte finden Sie in diesem Band und auch in unserem Band 1.

Börek (türkischer Spinatauflauf)

Für die Füllung:

1 Bund	**Petersilie (frisch, glatt)**	
100 g	**Haselnüsse**	in den Mixtopf geben, kurz auf Stufe 6 zerkleinern und umfüllen.
2 große	**Möhren (in Stücken)**	in den Mixtopf geben, kurz auf Stufe 5 zerkleinern und ebenfalls umfüllen.
1	**Knoblauchzehe**	
1	**Metzgerzwiebel (geviertelt)**	in den Mixtopf geben und 5 Sekunden / Stufe 5 zerkleinern (bei Stufe 5 auf das laufende Messer fallen lassen). Den Mixtopfdeckel öffnen und die Zwiebel mit dem Spatel zum Mixtopfboden schieben.
40 g	**Olivenöl**	zugeben und 2½ Minuten / Dampfgarstufe / Stufe 1 andünsten.
1 Pck	**Blattspinat (450 g, in groben Stücken)**	zufügen und 5 Minuten / 100° / Stufe 1 (eventuell mit Hilfe des Spatels) vorgaren.
500 g	**Schafskäse (in groben Stücken)**	zugeben und auf Stufe 1 bis 2 untermischen.
300 g	**Vollmilch (frisch)**	

1	**Ei**	hinzufügen und 2 Minuten / 70° / Stufe 2 unterrühren. Anschließend noch die zerkleinerte Petersilie, Haselnüsse und Möhren zugeben und nochmals 10 Sekunden / Rückwärtsgang / Stufe 4 (10 Sekunden / Stufe 4) untermischen.

Fertigstellung:

5	**Yufka-Teigblätter (1 Paket)**	bereitlegen. Ein Börekblech einfetten und so mit Teigblättern auslegen, dass diese den Rand großzügig überlappen. Den überstehenden Rand mit einer Schere abschneiden und als zusätzliche Lage mit auf den Blechboden geben. Nun eine Schicht Füllung darauf verteilen und wieder gut mit Teigblättern abdecken. Abwechselnd immer Füllung und Teigblätter schichten. Die oberste Schicht sollte mit einem Yufka-Teigblatt abschließen. Dieses gut mit
	Olivenöl	und
	Kondensmilch	bestreichen und bei 180° Umluft im vorgeheizten Backofen ca. 60 Minuten goldbraun backen. (Während des Backvorgangs ein kleines Gefäß mit Wasser in den Backofen stellen.)

Anmerkungen:

- Börekbleche bekommen Sie in türkischen Supermärkten. Alternativ können Sie auch eine große Auflaufform verwenden.
- In türkischen Supermärkten gibt es für dieses Rezept speziellen Börek-Käse. Dort bekommt man auch die Yufka-Teigblätter und die großen Metzgerzwiebeln.
- Yufka-Teigblätter sind ganz dünne Teigfladen, bestehend aus Mehl, Wasser und Salz – manchmal auch noch Öl und Hefe.
- Die Haselnüsse nur kurz zerkleinern, so dass man noch etwas zu „beißen" hat.
- Das Börek eventuell nach der Hälfte der Backzeit mit Alufolie abdecken.
- Nach Möglichkeit keinen Blattspinat mit Sahne („Blubb") und möglichst auch keinen zerkleinerten Spinat verwenden, sondern welchen mit ganzen Blättern.

Rezeptvarianten:

- Für eine kalorienreduzierte Variante statt Ei, Milch und Butter nur Kräuterfrischkäse verwenden. Die oberste Teigschicht dann lediglich mit Kondensmilch bestreichen.
- Versuchen Sie mal diese Variante: Jeweils ein wenig Füllung auf ein einzelnes Yuka-Teigblatt geben, dieses einklappen und vorsichtig aufrollen. Die aufgerollten Teigblätter dann in eine Auflaufform schichten, mit Öl und Kondensmilch bepinseln und im Backofen goldbraun backen.
- Anstelle von Haselnüssen Mandeln oder süße Aprikosenkerne verwenden.
- Statt frischer Vollmilch eine H-Milch mit weniger Fettgehalt verwenden.

Kritharaki-Auflauf

500 g	**Wasser**	
1 EL	**Gemüsebrühe (Instant)**	
etw	**Paprikapulver (edelsüß)**	in den Mixtopf geben, ca. 5 Minuten / Dampfgarstufe / Stufe 2 aufkochen und in eine Schüssel umfüllen.
150 g	**Soja-Geschnetzeltes (1 Paket)**	in das Wasser schütten, unterrühren und abgedeckt ca. 30 Minuten ziehen lassen. Zwischendurch immer mal umrühren. In der Zwischenzeit den Auflauf vorbereiten. Hierzu
1000 g	**Wasser**	
2 EL	**Gemüsebrühe (Instant)**	in den Mixtopf geben und ca. 7 Minuten / Dampfgarstufe / Stufe 1 zum Kochen bringen. Den Siebeinsatz einhängen und
500 g	**Kritharaki**	einwiegen. Den Mixtopf verschließen, kurz auf Stufe 5 schalten und anschließend 12 bis 15 Minuten (nach Packungsangabe) / 100° / Stufe 2 garen. Zwischendurch mit Hilfe des Spatels immer mal wieder durch die Deckelöffnung umrühren. Nach Ende der Garzeit den Siebeinsatz herausnehmen, die Kritharaki gut abtropfen lassen und anschließend in eine große Auflaufform geben.

		Die Garflüssigkeit umfüllen und z.B. einfrieren.
1 große	**Zwiebel**	in den Mixtopf geben und 5 Sekunden / Stufe 5 zerkleinern (Zwiebel halbieren, bei Stufe 5 auf das laufende Messer fallen lassen). Den Mixtopfdeckel öffnen und die Zwiebel mit dem Spatel zum Mixtopfboden schieben.
30 g	**Olivenöl**	zugeben und 2 Minuten / Dampfgarstufe / Stufe 1 andünsten. (Da der Mixtopf noch heiß ist, bräunen die Zwiebeln schneller!)
100 g	**Lauch**	
300 g	**Brokkoli**	zugeben und weitere 5 Minuten / 100° / Stufe 1 andünsten. Den Backofen auf 180° Umluft vorheizen.
800 g	**Dosentomaten**	
evtl. 1	**Chilischote**	
100 – 200 g	**Oliven (grün)**	mit in den Mixtopf geben und 5 Sekunden / Stufe 4 bis 5 zerkleinern.
100 g	**Weißwein**	
2 EL	**Gemüsebrühe (Instant)**	
½ TL	**Salz**	
¼ TL	**Pfeffer**	zugeben und alles 10 Minuten / 100° / Stufe 1 aufkochen. Abschmecken und mit
etw	**Kräuter der Provence**	würzen. Die Masse nun zusammen mit den Soja-Schnetzeln zu den Nudeln in die Auflaufform geben und alles gut vermischen.

Für die Sauce:

1	**Ei**	
250 g	**Milch**	
1 EL	**Crème fraiche**	
50 g	**Gouda**	
100 g	**Feta (in Stücken)**	
20 g	**Parmesan**	
etw	**Salz**	
1 Pr	**Pfeffer**	
1 Pr	**Muskat**	in den Mixtopf geben und 5 Minuten / 90° / Stufe 5 aufkochen. Die Sauce über die Kritharaki-Gemüsemischung geben, den Auflauf in den auf 180° vorgeheizten Backofen geben und ca. 20 Minuten backen, bis die Sauce „blubbert".

Anmerkungen:

- „Kritharaki" ist eine Ableitung der griechischen Begriffe für Weizen, Gerste oder Getreidekorn. Es sind kleine Nudeln in Getreideform. Sie werden aus Hartweizengrieß hergestellt und häufig in der griechischen Küche verwendet. Kritharaki eignen sich z.B. als Suppeneinlagen. Mit Tomatensauce vermischt oder auch in Kombination mit Reis kann man sie auch als Beilage verwenden.
- Soja-Geschnetzeltes, auch Soja"fleisch" genannt, gibt es mittlerweile in jedem gut sortierten Supermarkt in der Bio-Abteilung. Es wird aus der reinen Sojabohne hergestellt. Beim Kauf auf die Kennzeichnung „ohne Gentechnik" achten! Aufgrund der fleischartigen Konsistenz dienen sie gut gewürzt oder scharf angebraten als leckerer und sättigender Fleischersatz in Aufläufen, Lasagne, Saucen, Bratlingen, für Pfannengerichte oder als Beilage. Es ist reich an Eiweiß, mehrfach ungesättigten Fettsäuren, Vitaminen, Mineralien und Ballaststoffen und dabei cholesterinfrei.
- Bei der Verwendung von tiefgekühltem Gemüse dieses vor dem Garen unter lauwarmem Wasser antauen. Größere Stücke etwas zerkleinern.

Rezeptvarianten:

- Blumenkohl oder auch Spinat statt Brokkoli verwenden.
- Eventuell noch Möhren zugeben.
- Crème fraiche durch Schmand oder Kräuterfrischkäse austauschen.
- Parmesan und/oder Feta durch Emmentaler oder anderen herzhaften Käse ersetzen.
- Statt mit Kritharaki das Gericht mit Kartoffeln, Reis oder Nudeln zubereiten.
- Die Sauce ohne Ei herstellen.

Serviervorschlag:

- Vor dem Servieren mit angerösteten Pinienkernen bestreuen.

Himbeertraum

200 g	**Baiser**	in den Mixtopf geben, 5 Sekunden / Stufe 8 zerkleinern und umfüllen. Den Mixtopf gut reinigen und trocknen. ***Rühraufsatz einsetzen!***
200 g	**Sahne (gut gekühlt)**	in den Mixtopf geben, im Intervall auf Stufe 4 (Stufe 3) steif schlagen und ebenfalls umfüllen. ***Rühraufsatz entfernen!***
500 g	**Magerquark**	
3 Pck	**Vanillezucker**	
6 große	**Schokoküsse (ohne Waffelboden)**	in den Mixtopf geben und 10 Sekunden / Stufe 6 gut vermischen. Die Sahne zugeben und 5 Sekunden / Stufe 4 unterrühren.
600 g	**Himbeeren (gefroren)**	bereitlegen. In einer großen Schüssel abwechselnd wie folgt schichten: 1/3 Sahne-Quark-Masse, 1/3 Baiserbrösel, 200 g Himbeeren usw. Mit 200 g Himbeeren als oberste Schicht abschließen. Die Schüssel für mindestens 4 Stunden – am besten über Nacht – in den Kühlschrank stellen.

Anmerkungen:

- Dieser leckere Nachtisch ist der „Renner“ auf jedem Buffet.
- Vanillezucker lässt sich einfach selbst herstellen. Ein entsprechendes Rezept finden Sie in unserem Band 1.

Rezeptvarianten:

- Statt Vanillezucker 2 – 3 EL Zucker verwenden.
- Himbeeren durch andere gefrorene Früchte austauschen, z.B. Erdbeeren oder auch eine Beerenmischung.

Serviervorschlag:

- Sehr dekorativ, wenn der Nachtisch direkt in hohen Gläsern geschichtet wird.

Kaiserschmarren

3 geh EL	**Mehl**	
2 EL	**Zucker**	
1 Pck	**Vanillezucker**	
1 TL	**Backpulver**	
1 Pr	**Salz**	
4	**Eier**	
200 g	**Schmand**	in den Mixtopf geben und 10 Sekunden / Stufe 2 (15 Sekunden / Stufe 3) verrühren. Anschließend weitere 20 Sekunden / Stufe 4 (20 Sekunden / Stufe 5). In einer Pfanne
etw	**Butter**	auf mittlerer Hitze erwärmen, den Teig einfüllen und zunächst stocken lassen. Dann mit 2 Holzlöffeln auseinander ziehen, anbräunen lassen und immer wieder wenden.

Anmerkungen:

- Dieses Rezept schmeckt nicht nur Kindern gut!
- Vanillezucker lässt sich einfach selbst herstellen. Ein entsprechendes Rezept finden Sie in unserem Band 1.

Rezeptvarianten:

- Den Teig nur mit 1 EL Zucker zubereiten. Den weiteren EL Zucker dann nach dem Stocken über die zerkleinerten Stücke geben. Dieser wird beim Anbraten dadurch karamellisiert. Das schmeckt nicht nur hervorragend, sondern sieht dazu auch noch appetitlich aus.
- Nach Geschmack Rosinen oder auch Apfelstücke mit in den Teig geben.
- Buttermilch oder saure Sahne anstelle von Schmand verwenden.

Serviervorschläge:

- Mit Apfelmus, Preiselbeerkompott oder auch heißen Kirschen servieren.
- Wer mag, kann seine Variante mit Zimt und Zucker bestreuen.
- Sehr lecker auch, wenn man den Schmarren vor dem Servieren mit etwas Ahornsirup beträufelt.

Quarkinis (ca. 6 Portionen)

1000 g	**Magerquark**	
200 g	**Sahne**	
80 g	**Zucker**	in den Mixtopf geben und 1 Minute / Stufe 4 vermischen. Die Masse in eine Schüssel umfüllen.

Anmerkungen:

- Dieser Nachtisch ist super schnell gemacht und sehr variabel.
- Das Rezept ist die Basis für viele tolle Abwandlungen.
- Bis zum Verzehr im Kühlschrank aufbewahren.

Rezeptvarianten:

- Die Quarkmasse abwechselnd mit Früchten (z.B. Bananenscheiben, Apfelscheiben, Kirschen – evtl. angedickt, Kiwis, Preiselbeeren, etc.) in 4 großen (alternativ 6 kleinen) Gläsern schichten. Die Früchte können hierbei „ganz“ bleiben oder vorher im Wunderkessel zu Fruchtmus verarbeitet werden.
- Einen Teil der Quarkmasse im Mixtopf belassen und weiter verfeinern. Beispielsweise etwas Kakaopulver oder frische Früchte (z.B. Erdbeeren) zugeben und 30 Sekunden / Stufe 6 untermischen. Diese Masse abwechselnd mit Früchten und der restlichen Quarkmasse wie oben angegeben schichten. Der Fantasie sind hierbei keine Grenzen gesetzt. (Ein Foto von Quarkinis im Glas finden Sie übrigens auf der Cover-Rückseite unseres 2. Bandes.)

Serviervorschlag:

- Mit Schokostreuseln, Zimt oder Kakaopulver dekorieren.

Schwarzbrot, Luxus- (mit Sauerteig)

1. Tag (Vorteig):

250 g	**Roggen**	in den Mixtopf geben, 1 Minute / Stufe Turbo fein mahlen und umfüllen. Weitere
250 g	**Roggen**	in den Mixtopf geben, ebenfalls 1 Minute / Stufe Turbo fein mahlen und im Mixtopf belassen. Die erste Portion Roggenmehl, sowie
500 g	**Wasser**	
100 g	**Roggen-Sauerteig (frisch)**	zugeben und 2 Minuten / Teigstufe verkneten. Diesen Teig in eine Schüssel umfüllen und abgedeckt ca. 12 Stunden stehen lassen. Der Vorteig ist fertig, wenn er „Blasen“ wirft. (Wenn man mit einem Löffel in den Teig geht, hört man die Blasen „knistern“.)

2. Tag:

50 g	**Roggen**	
50 g	**Weizen**	in den Mixtopf geben, 1 Minute / Stufe Turbo fein mahlen und in eine Schüssel umfüllen.
230 g	**Gerste**	in den Mixtopf geben, 20 Sekunden / Stufe Turbo grob schroten und im Mixtopf belassen. Das vorher gemahlene Roggen-Weizengemisch wieder zugeben. Vom Vorteig 200 g abnehmen und als Ansatz für das nächste Brot ver-

		wahren. Den Rest ebenfalls in den Mixtopf geben.
165 g	**Wasser (warm)**	
30 g	**Leinsamen**	
60 g	**Sonnenblumenkerne**	
1 EL	**Meersalz**	
½ EL	**Honig**	zugeben und alles kurz auf Stufe 4 verrühren. Eventuell den Mixtopfdeckel öffnen und die Teigmasse mit dem Spatel vom Topfrand nach unten drücken. Den Teig 3 Minuten / Teigstufe gut verkneten, anschließend in eine große, gefettete (oder mit Backpapier ausgelegte) 30er Kastenform geben und mit nassen Händen glatt streichen. Zugedeckt gehen lassen, bis sich der Teig merklich vergrößert hat – das kann ca. 4 bis 6 Stunden dauern! Im vorgeheizten Backofen bei 175° - Ober-/Unterhitze ca. 90 bis 100 Minuten backen.

Anmerkungen:

- Das Schwarzbrot ist sehr lecker und durch den Sauerteig ohne künstliche Zusatzstoffe sehr lange haltbar.
- Eine detaillierte Anleitung zur eigenen Herstellung von Sauerteig finden Sie zum kostenlosen Download in unserem Shop unter http://www.wunderkessel-kochbuch.de/sauerteig/.
- Bei der Verwendung von fertigem/gekauftem Sauerteig bitte die Zubereitungshinweise auf der Verpackung beachten!
- Die Teigkonsistenz ist ziemlich zähflüssig und klebrig, daher die Backform gut fetten bzw. auslegen. Ein zusätzliches Ausstreuen der Backform nach dem Fetten mit Haferflocken sorgt neben einem

knusprigen „Kick“ auch dafür, dass das Brot nicht so schnell anbäckt und sich leichter aus der Form lösen lässt.

- Da der Teig ohne Zugabe von Hefe „geht“, braucht er unbedingt die lange Ruhephase vor dem Backen. Er geht auch nicht so sehr auf wie Hefeteig, vergrößert sich aber dennoch deutlich!
- Zum Gehen ***nicht*** auf die Heizung stellen.

Dinkelvollkornbrot mit Saaten

250 g	**Dinkel**	in den Mixtopf geben und 1 Minute / Stufe Turbo (1½ Minuten / Stufe Turbo) fein mahlen.
2 TL	**Salz**	
200 g	**Dinkelmehl (Type 630)**	
1 Wü	**Hefe**	
25 g	**Obstessig**	
390 g	**Wasser (lauwarm)**	zugeben und 5 Minuten / Teigstufe kneten.
130 g	**Saaten**	zugeben und nochmals ½ Minute / Teigstufe kneten. Den Teig in eine gefettete 30er Kastenform geben und im Backofen 30 Minuten bei 50° Ober-/Unterhitze gehen lassen. Anschließend den Ofen auf 190° hoch schalten und das Brot weitere 65 Minuten fertig backen. Nach ca. 30 Minuten Backzeit eventuell mit einem Stück Alufolie oder Backpapier abdecken.

Anmerkungen:

- Das Brot schmeckt wie vom Bäcker. Es ist super saftig, gesund und dazu noch sehr lecker.
- Der Teig ist am Anfang etwas dünnflüssig, wird aber durch das Kneten fester.
- Als Saaten eignen sich z.B. Leinsamen, Sonnenblumenkerne, Kürbiskerne oder auch Sesam. Sie können diese nach Belieben zusammenstellen oder auch auf eine fertige Saatenmischung zurückgreifen, die es in vielen gut sortierten Supermärkten, Bio-Läden oder in der Mühle gibt.

Rezeptvarianten:

- Dinkelmehl Type 630 durch 100 g Dinkelvollkornmehl und 100 g Weizenmehl (Type 550) austauschen.
- Für ein reines Vollkornbrot 450 g Dinkel (in 2 Portionen fein gemahlen) verwenden. Dann die Wassermenge auf 550 g erhöhen.
- Eventuell Zuckerrübensirup oder Buttermilch zum Teig geben.

Bauernbrot (mit Sauerteig)

180 g	**Roggenmehl (Type 997 oder 1150)**	
150 g	**Weizenmehl (Type 405)**	
350 g	**Roggen-Sauerteig (frisch)**	
1 TL	**Salz**	
½ Wü	**Hefe**	
150 g	**Wasser (lauwarm)**	in den Mixtopf geben, 20 Sekunden / Stufe 4 verrühren und anschließend 2 Minuten / Teigstufe zu einem geschmeidigen Teig verarbeiten.

Den Teig in eine gefettete 25er Kastenform geben, mit einem Messer einschneiden und ca. 30 Minuten an einem warmen Ort, z.B. auf der Heizung (bei mehr als 20°, jedoch nicht über 40°!) gehen lassen.

Anschließend im vorgeheizten Backofen bei 180° Umluft ca. 60 Minuten abbacken. Zum Backen eine Schüssel Wasser mit in den Ofen stellen oder eine Fettpfanne mit ca. ½ l Wasser füllen, damit das Brot während des Backvorgangs genügend Feuchtigkeit bekommt.

Anmerkungen:

- Eine detaillierte Anleitung zur eigenen Herstellung von Sauerteig finden Sie zum kostenlosen Download in unserem Shop unter http://www.wunderkessel-kochbuch.de/sauerteig/.

- Das Wasser muss unbedingt lauwarm sein!
- Wenn Ihr Sauerteig „reif" genug ist (also triebstärker), können Sie auf die Zugabe von Hefe komplett verzichten. In diesem Fall sollten Sie dem Teig allerdings eine Gehzeit von ca. 2 bis 4 Stunden gönnen, bis der Teig etwa sein doppeltes Volumen erreicht hat.

Rezeptvariante:

- 50 g Weizenmehl Type 405 durch Type 1050 ersetzen.

Landbrot, Paderborner (mit Sauerteig)

250 g	**Roggenmehl (Type 1150)**	
100 g	**Weizenmehl (Type 1050)**	
550 g	**Roggen-Sauerteig (frisch)**	
150 g	**Wasser (lauwarm)**	
½ Wü	**Hefe**	
1 EL	**Salz**	in den Mixtopf geben und 3 Minuten / Teigstufe kneten. Den Teig in eine mit
	Butter	ausgestrichene 30er Kastenform geben, mit nassem Spatel glatt streichen und abgedeckt ca. 90 Minuten gehen lassen, bis sich das Teigvolumen in etwa verdoppelt hat. Anschließend mit
	Wasser	bestreichen und mit einer Gabel mehrmals einstechen. Im vorgeheizten Backofen bei 230° Umluft auf mittlerer Schiene ca. 60 Minuten backen. Hierbei zum Backen ein Schälchen Wasser mit in den Ofen stellen.

Anmerkungen:

- Eine detaillierte Anleitung zur eigenen Herstellung von Sauerteig finden Sie zum kostenlosen Download in unserem Shop unter http://www.wunderkessel-kochbuch.de/sauerteig/.
- Wenn Ihr Sauerteig „reif" genug ist (also triebstärker), können Sie auf die Zugabe von Hefe komplett verzichten. In diesem Fall sollten Sie dem Teig allerdings eine Gehzeit von ca. 2 bis 4 Stunden gönnen, bis der Teig etwa sein doppeltes Volumen erreicht hat.

- Der Teig ist ziemlich klebrig.

Rezeptvarianten:

- 400 g Roggenmehl verwenden. Dann allerdings nur 250 g Sauerteig nehmen und die Wassermenge auf 300 g erhöhen.
- Das Brot 10 Minuten vor Ende der Backzeit aus der Form nehmen und ohne diese weiterbacken. So wird das Brot rundum knusprig.

Roggenschrotbrot von Pöt (mit Sauerteig)

Am Vorabend:

120 g	**6-Korn-Mischung**	in den Mixtopf geben, 20 Sekunden / Stufe Turbo schroten und in eine Schüssel umfüllen. Anschließend mit
280 g	**Wasser (kochend)**	überbrühen, mit einem Löffel oder einer Gabel gut verrühren und über Nacht einweichen lassen.

Am Backtag:

110 g	**Roggen**	in den Mixtopf geben, 1½ Minuten / Stufe Turbo fein mahlen und umfüllen.
230 g	**Roggen**	in den Mixtopf geben und 20 Sekunden / Stufe Turbo schroten. 6-Korn-Schrot (vom Vortag), den zuvor gemahlenen Roggen sowie
350 g	**Roggen-Sauerteig (frisch)**	
100 g	**Wasser (lauwarm)**	
70 g	**Sonneblumenkerne**	
40 g	**Haferflocken (grob)**	
¾ EL	**Salz**	
½ EL	**Brotgewürz**	zugeben und 3 Minuten / Teigstufe kneten. Den Teig in eine mit Backpapier ausgelegte oder gefettete 30er Kastenform füllen, glatt streichen und mit

etw	**Kaffee (kalt)**	bestreichen. In den auf 50° angewärmten Backofen geben und dort so lange ruhen lassen, bis sich der Teig fast verdoppelt hat (ca. 2 Stunden). Die Backform aus dem Ofen nehmen und diesen auf 250° vorheizen. Den Teig erneut mit
etw	**Kaffee (kalt)**	bestreichen und mit
etw	**Roggenmehl**	bestäuben. Das Brot zunächst 15 Minuten bei 250° Umluft, dann weitere 30 Minuten Ober-/Unterhitze fertig backen. Das fertige Brot aus der Form nehmen (Achtung, es ist noch sehr elastisch) und umgedreht abkühlen lassen. Vor dem Verzehr 1 Tag durchziehen lassen.

Anmerkungen:

- Herzlichen Dank an Pöt, Herausgeber der umfangreichen Homepage www.der-sauerteig.com für die Erlaubnis, sein Rezept in unser Buch aufzunehmen!
- Eine detaillierte Anleitung zur eigenen Herstellung von Sauerteig finden Sie zum kostenlosen Download in unserem Shop unter http://www.wunderkessel-kochbuch.de/sauerteig/.
- Der Teig ist ziemlich weich, daher lässt sich das Brot nur in einer Form backen und nicht zum Laib formen.
- Brotgewürz kann man selbst herstellen (Fenchel, Koriander, Kümmel – jeweils gemahlen, zu gleichen Teilen) oder als fertige Gewürzmischung in einer Mühle oder einem gut sortierten Supermarkt kaufen.
- Der Kaffee verhindert das Abtrocknen der Teigoberfläche und verleiht dem Brot eine dunkle Farbe.

- 6-Korn-Getreide-Mischnungen gibt es fertig zu kaufen, Sie können diese aber auch selbst aus Weizen, Roggen, Gerste, Hafer, Dinkel und Buchweizen zu jeweils gleichen Teilen zusammen mischen.

Rezeptvarianten:

- Haferflocken durch Dinkelflocken ersetzen.
- 4 EL Rübenkrautsirup statt Brotgewürz verwenden.
- Wer mag, kann zusätzlich noch Kürbiskerne untermischen.

Frühstückshörnchen für Morgenmuffel (8 Stück)

Am Vorabend

500 g	**Weizenmehl (Type 405)**	
300 g	**Milch (kalt)**	
8 g	**Salz**	
1 EL	**Zucker**	
½ Wü	**Hefe**	in den Mixtopf geben, 1½ Minuten / Teigstufe zu einem (nicht zu festen) Hefeteig verarbeiten, 45 Minuten im Topf ruhen lassen und anschließend nochmals 1½ Minuten / Teigstufe durchkneten. Den Teig auf einer bemehlten Arbeitsfläche zu einem Kreis von ca. ½ cm Dicke ausrollen und in 8 „Tortenstücke“ teilen. Diese von der breiten Seite aus aufrollen und zu Hörnchen formen. Die Rohlinge mit genügend Abstand auf ein mit Backpapier ausgelegtes Backblech legen, mit Frischhaltefolie abdecken und über Nacht in den Kühlschrank geben.

Am nächsten Morgen

1	**Eigelb**	
3 EL	**Milch**	in den Mixtopf geben und 5 Sekunden / Stufe 5 gut verquirlen. Die Hörnchen aus dem Kühlschrank nehmen, mit der Eigelbmasse einpinseln und 30 Minuten bei Zimmertemperatur ruhen lassen. (Nach

ca. 20 Minuten den Backofen auf 180° Ober-/Unterhitze aufheizen.) Anschließend die Hörnchen im vorgeheizten Ofen ca. 25 bis 30 Minuten goldbraun backen.

Anmerkungen:

- Dieses leckere Gebäck lässt sich prima vorbereiten.
- Auch zum Einfrieren gut geeignet. Dazu die Hörnchen nur anbacken, abkühlen lassen und einfrieren. Vor dem Servieren fertig backen.

Rezeptvarianten:

- Schnelle Variante: Wer die Hörnchen nicht am Vorabend vorbereiten, sondern am gleichen Tag noch verzehren möchte, nimmt einfach lauwarme Milch. Dann nach dem Formen nochmals 20 Minuten abgedeckt bei Zimmertemperatur gehen lassen, anschließend mit Eigelb-/Milchgemisch bepinseln und wie oben weiter verfahren.
- Weizenmehl Type 550 verwenden, dann allerdings die Milchmenge auf 350 g erhöhen.
- 150 g Mehl durch selbst gemahlenen Dinkel ersetzen.
- 250 g Weizenmehl (Type 405) und 250 g Vollkornweizenmehl verwenden.
- Wer lieber kleinere, dafür aber mehr Hörnchen backen möchte, teilt den Teig vor dem Ausrollen in 2 Stücke und formt 2 Kreise mit jeweils 8 Hörnchen.
- Frischhefe durch 1 Tütchen Trockenhefe austauschen.
- Die Teigrohlinge nur mit Milch (evtl. mit etwas Zucker verrührt) bestreichen.
- Mohn, Sesam oder auch Röstzwiebeln mit in den Teig kneten oder nach dem Einpinseln mit Mohn oder Sesam bestreuen.

- Veganer oder Menschen mit Milcheiweißallergie können dieses Rezept auch mit Sojamilch zubereiten. Zum Bestreichen dann auch nur Sojamilch oder –sahne (mit einer Prise Zucker verquirlt) verwenden. Für die besondere Note eventuell eine Vanille-Sojamilch verwenden.
- Die Hörnchen vor dem Aufrollen beliebig bestreichen / belegen, z.B. mit Schokoaufstrich oder auch herzhaftem Schnittkäse. Vorsicht! Nicht zu dick auftragen / auflegen, sonst läuft die Flüssigkeit raus!

Kartoffelbrötchen, leckere (ca. 12 Stück)

200 g	**Dinkel**	in den Mixtopf geben und 1½ Minuten / Stufe Turbo fein mahlen.
200 g	**Kartoffeln (gekocht, in Stücken)**	
350 g	**Mehl**	
1 Wü	**Hefe**	
1½ TL	**Salz**	
270 g	**Wasser**	zugeben und 3 Minuten / Teigstufe kneten. Mit dem Spatel Teigstücke „abstechen“, diese, so wie sie sind, auf ein gefettetes oder mit Backpapier ausgelegtes Backblech legen, in den kalten Backofen geben und ca. 30 Minuten bei 180° (Ober-/Unterhitze) backen.

Anmerkungen:

- Die Brötchen müssen vor dem Backvorgang nicht unbedingt gehen, insbesondere wenn die Kartoffeln noch warm sind. Sie eignen sich daher als idealer Snack, wenn es mal schnell gehen soll. Etwas „fluffiger“ werden sie bei der Verwendung von kalten Kartoffeln, wenn man ihnen 15 Minuten „Gehzeit“ gönnt.
- Der Teig ist recht klebrig. Es empfiehlt sich daher, den Spatel vorher unter fließendes Wasser zu halten, damit der Teig nicht daran kleben bleibt.
- Wer die Brötchen noch formen möchte, sollte die Hände gut mehlen oder ölen.
- Ein ideales Rezept zu Verwertung von Kartoffelresten.

Rezeptvarianten:

- Die Brötchen nach Belieben mit Saaten oder Mohn bestreuen.

- Mal eine ganz andere Variante: Dinkel durch Kamut ersetzen. (Kamut ist eine alte Weizensorte – ein Vorfahre des heutigen Hartweizens, hat einen leicht nussigen Geschmack und ist für viele Menschen mit Weizeneiweißallergie eine Alternative.)
- Kartoffeln durch Kürbis austauschen.
- Statt Brötchen den Teig als Brot in einer 26er Kastenform backen. Die Backzeit verlängert sich dann allerdings auf ca. 50 Minuten.

Bürli, Schweizer (ca. 12 Stück)

Teig zur Vorbereitung am Vorabend:

50 g	**Haferflocken**	
2 TL	**Salz**	
evtl. etw	**Kümmel**	in den Mixtopf geben und 40 Sekunden / Stufe Turbo fein mahlen.
350 g	**Weizenmehl (Type 550)**	
100 g	**Roggenmehl (Type 1150)**	
1 EL	**Sesam**	
1 EL	**Leinsamen**	
½ Wü	**Hefe**	zugeben und 10 Sekunden / Stufe 4 vermengen.
340 g	**Wasser (kalt)**	zugießen und alles 2½ Minuten / Teigstufe verkneten. Den Teig in eine Schüssel umfüllen und abgedeckt über Nacht in den Kühlschrank stellen.

Am nächsten Tag:

Den Backofen auf 250° vorheizen.
Den Teig *nicht* nochmal kneten sondern direkt aus dem Kühlschrank weiter verarbeiten.
Mit einem bemehlten Löffel vom Teig Stücke abstechen und diese auf ein mit Backpapier ausgelegtes Backblech legen.
Die Teigstücke werden nicht noch extra zu Brötchen geformt, sondern so, wie sie sind, gebacken.
Das Backblech in den Backofen geben, sofort die Hitze auf 220° redu-

zieren und die Brötchen in ca. 20 Minuten goldbraun backen.

Anmerkungen:

- Diese Brötchen lassen sich prima vorbereiten. Die „Über-Nacht-Variante“ geht wunderbar auf.
- Durch das Abstechen der Teigstücke mit einem Löffel bekommen die Brötchen ein rustikales Aussehen.

Rezeptvarianten:

- Nach Geschmack noch etwas Kümmel mit in den Teig geben.
- Weizenmehl durch Dinkelmehl Type 630 austauschen.
- Schnelle Variante zum sofortigen Abbacken für Eilige: Einen ganzen Würfel Hefe und 330 g *lauwarmes* Wasser verwenden. Den Teig ca. 30 Minuten gehen lassen und dann wie oben angegeben backen.
- 1 gestr. EL Backmalz mit in den Teig geben. Durch den Zusatz von Backmalz werden den Mikroorganismen leicht verwertbare Substrate zur Verfügung gestellt mit dem Ziel einer Beschleunigung der Gärung, Verbesserung der Teigbeschaffenheit, Krummenstruktur, Bräunung und Rösche. Backmalz erhalten sie in jeder gut sortierten Mühle.

Krusten-Semmeln (ca. 12 Stück)

600 g	**Weizenmehl (Type 550)**	
1 Wü	**Hefe**	
200 g	**Wasser**	
200 g	**Milch**	
1 TL	**Salz**	
10 g	**Margarine**	
2 EL	**Kartoffelpüree (Pulver)**	in den Mixtopf geben und in 3 Minuten / Teigstufe zu einem geschmeidigen Teig verarbeiten.

Den Teig auf eine bemehlte Arbeitsfläche geben, zu einer runden Form wirken und zugedeckt 10 Minuten ruhen lassen.

Anschließend den Teig flach drücken, Teigstücke von jeweils 50 g abwiegen und diese mit der Handfläche „platt" drücken.

Jeweils 2 Teigstücke gut bemehlen, aufeinander legen und aufrollen (ähnlich wie Frühlingsrollen).

Die Seite mit der Teigkante auf ein bemehltes Küchentuch legen und zugedeckt nochmals 1 Stunde gehen lassen.

Den Backofen auf 220° Umluft vorheizen und auf die unterste Schiene ein tiefes, mit Wasser befülltes, Backblech schieben.

(Alternativ eine große Schale mit Wasser auf die unterste Backofenschiene stellen).

Die Teigstücke nun mit der Teigkante nach oben auf ein mit Backpapier ausgelegtes Backblech legen und im vorgeheizten Ofen ca. 30 Minuten backen.

Anmerkungen:

- Das heiße Wasser im Ofen erzeugt Dampf, der die Semmeln schön knusprig werden lässt.
- Die Teigstücke bekommt man am einfachsten auf das Backblech, indem man das Tuch an einer Ecke etwas anhebt und die Semmel dann runter nimmt.
- Die Krustis reißen beim Backen an der Teigkante etwas auf.
- Diese tollen Semmeln schmecken nicht nur wie vom Bäcker, sie sehen sogar auch noch super professionell aus.
- Damit der Dampf gut zirkulieren kann, unbedingt mit Umluft/Heißluft backen!
- Für ein perfektes Backergebnis ein Lochblech oder einen mit Backpapier ausgelegten Backrost verwenden.
- Die Backofentür während der ersten 10 Minuten Backzeit unbedingt geschlossen halten, damit das nötige „Klima" entstehen kann!

Rezeptvarianten:

- Kefir statt Milch nehmen.
- Anstelle von Instant-Kartoffelpüree 2 EL selbstgemachtes Püree verwenden. Die Brötchen bieten sich daher auch hervorragend zur „Resteverwertung" von Kartoffelpüree an. Ein leckeres Rezept hierzu finden Sie übrigens in unserem Band 1.
- Wer gerne etwas größere Brötchen backen möchte, wiegt Teigstücke von jeweils 75 g ab.
- Weizenmehl nach Belieben durch selbst gemahlenen Dinkel ersetzen.

Bärlauch-Butter

5	**Walnusskerne**	in den Mixtopf geben und auf Stufe 5 zerkleinern (bei Stufe 6 auf das laufende Messer fallen lassen).
25 g	**Bärlauch**	zugeben und alles auf Stufe Turbo fein hacken. ***Rühraufsatz einsetzen!***
250 g	**Butter (in Stücken)**	
1 TL	**Limettensaft**	
etw	**Kräutersalz**	zugeben und alles 1½ Minuten / Stufe 3 verrühren.

Anmerkungen:

- Die Butter sollte bei der Verarbeitung Zimmertemperatur haben.
- Butter lässt sich einfach selbst herstellen. Ein entsprechendes Rezept finden Sie in unserem Band 1.

Rezeptvarianten:

- Limettensaft durch Zitronensaft ersetzen.
- Frischen Bärlauch durch 1 TL Bärlauch-Pesto ersetzen.

Serviervorschläge:

- Mit Hilfe einer Spritztülle kleine Tupfer auf einem Teller anrichten.
- Mal ganz anders und edel serviert werden kann die Butter, wenn sie direkt nach dem Herstellen in kleine Formen (z.B. für Pralinen aus Silikon oder auch Mini-Muffin-Sonnenblumen-Formen) gestrichen wird. Zum „Festwerden“ dann in den Kühlschrank geben, kurz vor dem Servieren vorsichtig aus der Form drücken und auf einem Teller dekorativ anrichten.

Tomaten-Oliven-Knoblauch-Butter

3	**Knoblauchzehen**	
5	**Tomaten (getrocknet, in Öl eingelegt, abgetropft)**	
10	**Oliven (schwarz)**	in den Mixtopf geben und 5 Sekunden / Stufe 5 zerkleinern. ***Rühraufsatz einsetzen!***
125 g	**Butter (weich)**	zugeben und alles auf 10 Sekunden / Stufe 4 gut verrühren.

Anmerkung:

- Getrocknete, in Öl eingelegte Tomaten erhalten Sie mittlerweile in fast jedem gut sortierten Supermarkt, auch in vielen Discountern und natürlich in türkischen Supermärkten.

Rezeptvarianten:

- Paprika (getrocknet und eingelegt) statt Tomaten verwenden.
- Anstelle von Oliven schmeckt die Butter auch mit Kresse sehr lecker.

Verwendungsvorschläge:

- Die Butter sollte bei keinem Grillfest fehlen.
- Unschlagbar als Geschmacks-i-Tüpfelchen auf einem Auflauf.
- Einfach pur auf frischem Brot oder Brötchen genießen. Viele tolle Rezepte finden Sie in diesem Band und auch in unserem Band 2.

Rucola-Tomaten-Sonnenblumenkern-Aufstrich

50 g	**Sonnenblumenkerne**	in den Mixtopf geben und 10 Sekunden / Stufe Turbo fein mahlen.
1	**Knoblauchzehe**	zugeben und erneut 10 Sekunden / Stufe Turbo zerkleinern.
25 g	**Rucola (ohne Stiele, ca. 1 cm große Stücke)**	
150 g	**Tomaten (getrocknet, in Öl eingelegt, abgetropft)**	
1 TL	**Kapern (eingelegt)**	zufügen und 15 Sekunden / Stufe 4 untermischen. Die Masse mit dem Spatel vom Topfrand nach unten schieben,
25 g	**Olivenöl**	zugießen und alles 15 Sekunden / Stufe Turbo vermixen. Den Aufstrich abschmecken und
evtl. etw	**Salz**	zugeben und 10 Sekunden / Stufe 4 unterrühren.

Anmerkungen:

- Rucola lässt sich am besten mit einer Schere in kleine Stücke schneiden.
- Getrocknete, in Öl eingelegte Tomaten erhalten Sie mittlerweile in fast jedem gut sortierten Supermarkt, auch in vielen Discountern und natürlich in türkischen Supermärkten.

Rezeptvarianten:

- Frischkäse zusätzlich mit unterrühren.

- Statt Sonnenblumenkernen können auch Pinienkerne, Nüsse und/oder Kürbiskerne verwendet werden. Diese eventuell vorher rösten und je nach Geschmack etwas Parmesan zugeben.
- Die Hälfte des Rucola durch frische Basilikumblätter ersetzen.
- Anstelle von eingelegten Tomaten eingelegte Paprika (aus dem Glas) verwenden.
- Die Kapern weglassen.

Toffeetella

200 g	**Toffifee**	in den Mixtopf geben und 10 Sekunden / Stufe 7 (15 Sekunden / Stufe 7) mit Hilfe des Spatels zerkleinern.
50 g	**Butter (weich)**	
50 g	**Sahne**...................	zugeben und 5 Minuten / 37° / Stufe 3 (5 Minuten / 40° / Stufe 3) verrühren. In ein Schraubglas umfüllen und kühl stellen.

Anmerkungen:

- Eine echte Alternative zu gekauftem Schokoaufstrich. Den lieben nicht nur Kinder!
- Um die Toffifee leichter aus der Verpackung lösen zu können, diese vor der Verarbeitung einfach samt Packung ca. 1 Stunde in das Gefrierfach geben.

Rezeptvariante:

- Für eine kalorienreduzierte Variante fettarme Milch statt Sahne verwenden.

Serviervorschlag:

- Dieser Aufstrich passt hervorragend zu Brioches (das Rezept hierzu finden Sie in unserem Band 2) oder auch zu Einback (dieses Rezept befindet sich ebenfalls in diesem Band).

Knoblauch-Sauce

4 – 8	**Knoblauchzehen**	in den Mixtopf geben und 5 Sekunden / Stufe 5 zerkleinern (bei Stufe 5 auf das laufende Messer fallen lassen).
250 g	**Magerquark**	
200 g	**Sahne**	
200 g	**Sauerrahm**	
4 EL	**Mayonnaise**	
etw	**Gemüsebrühe (Instant)**	
etw	**Salz**	
etw	**Pfeffer**	zugeben und alles 10 Sekunden / Stufe 4 gut vermischen. Eventuell noch etwas abschmecken.

Anmerkung:

- Die Anzahl der Knoblauchzehen richtet sich allein nach dem persönlichen Geschmack. Je mehr Knoblauchzehen verwendet werden, desto schärfer schmeckt die Sauce.

Rezeptvariante:

- Noch 1 EL Apfelessig und 1 TL Zucker zugeben.

Senf

6 EL	**Senfkörner (schwarz oder braun)**	
6 EL	**Senfkörner (gelb)**	in eine Schüssel geben,
1 EL	**Salz**	darüber streuen, mit
1 l	**Wasser (kochend)**	übergießen und ca. 2 bis 3 Stunden quellen lassen. Anschließend das Wasser abgießen und die Senfkörner in den Mixtopf geben.
35	**Pfefferkörner (weiß)**	
1 – 2	**Chilischote(n) (getrocknet)**	
etw	**Salz**	
etw	**Pfeffer**	
etw	**Cayennepfeffer**	
1 – 2 EL	**Chiliöl**	zugeben und 30 Sekunden / Stufe Turbo mahlen.
ca. 140 g	**Weißweinessig**	zugeben und alles 5 Minuten / 100° / Stufe 4 aufkochen, in Schraubgläser umfüllen, verschließen und abkühlen lassen.

Anmerkungen:

- Der volle Geschmack des Senfs entfaltet sich erst, wenn er ca. 2 bis 4 Wochen „durchgezogen“ ist. Am Anfang ist er ziemlich scharf.
- Im Kühlschrank aufbewahrt ist er ca. 1 Jahr haltbar.
- Senfkörner bekommt man übrigens auch in Apotheken.

Rezeptvariante:

- Chili durch beliebige Kräuter ersetzen.

Marinade, leckere – nicht nur für Gemüsespieße

2	**Knoblauchzehen**	in den Mixtopf geben und 5 Sekunden / Stufe 5 zerkleinern (bei Stufe 5 auf das laufende Messer fallen lassen).
1 Zweig	**Rosmarin**	
2 Zweige	**Thymian**	zugeben und 3 Sekunden / Stufe 5 zerkleinern.
200 g	**Olivenöl**	
1 EL	**Honig**	
1 – 2 EL	**Ketchup**	
etw	**Pfeffer (schwarz)**	
etw	**Salz**	zugeben und alles 10 Sekunden / Stufe 4 gut verrühren. Die Marinade in eine flache Schüssel umfüllen. Schaschlikspieße mit Gemüse „bestücken“, in die Marinade legen und eventuell noch damit bepinseln. Über Nacht im Kühlschrank ziehen lassen. Vor dem Grillen, die Spieße nochmals in der Marinade wälzen, in einer Aluschale auf den Grill legen und ca. 5 Minuten ziehen lassen.

Anmerkungen:

- Als Gemüse eignen sich z.B. Cocktailtomaten, Paprika, Auberginen, Champignons, Zucchini etc. Auch mit Tofu sehr lecker.
- Härtere Gemüsesorten wie Fenchel, Brokkoli oder Blumenkohl sollten vorher kurz blanchiert werden.
- Die Marinade passt auch sehr gut zu Grillfleisch, besonders zu Geflügel.

Radieschen-Dressing

250 g	**Radieschen**	waschen, die grünen Stielansätze entfernen, in den Mixtopf geben und 5 Sekunden / Stufe 5 zerkleinern.
2 EL	**Zitronensaft**	
½ TL	**Salz**	
1 TL	**Honig**	
1 TL	**Senf**	
100 g	**Magerquark**	
2 EL	**Schnittlauch**	zugeben und alles 30 Sekunden / Stufe 4 gut vermischen.

Anmerkungen:

- Die Radieschen geben dem Dressing eine angenehme Schärfe.
- Tipp: Radieschen sollten nach Möglichkeit sehr frisch verarbeitet werden. Zur Aufbewahrung unbedingt das Laub entfernen, in wenig Wasser oder in ein feuchtes Küchentuch gewickelt im Gemüsefach des Kühlschranks aufbewahren und innerhalb von 2 Tagen verzehren. Deutlich länger frisch bleiben sie, wenn sie luftdicht in einem Gefrierbeutel verpackt sind.

Rezeptvariante:

- Statt Magerquark nach Lust und Laune Buttermilch, süße/saure Sahne, Joghurt oder auch Kefir verwenden.

Serviervorschlag:

- Dieses pfiffige Dressing passt hervorragend zu grünem Salat und bietet obendrein noch einen wunderbaren optischen Kontrast zu diesem!

Vanillesauce

Rühraufsatz einsetzen!

500 g	**Milch**	
1	**Ei**	
40 g	**Zucker**	
20 g	**Speisestärke**	
1	**Vanilleschote (hiervon lediglich das Mark)**	in den Mixtopf geben und 7 Minuten / 100° / Stufe 3 aufkochen.

Rezeptvariante:

- Anstelle der Vanilleschote können Sie auch 40 g selbst hergestellten Vanillezucker verwenden. (Ein entsprechendes Rezept finden Sie in unserem Band 1.) Dann natürlich keinen weiteren Zucker zugeben!

Serviervorschläge:

- Die Sauce schmeckt hervorragend über Eis.
- Probieren Sie die Vanillesauce mal zu unseren süßen Nudeln. Das Nudelrezept finden Sie ebenfalls in diesem Band.

Eisglasuren, knackige

120 g	**Schokolade (in groben Stücken)**	in den Mixtopf geben und 10 Sekunden / Stufe 5 zerkleinern.
100 g	**Kokosfett (rein, ungehärtet)**	zugeben und 6 Minuten / 37° / Stufe 3 (5 Minuten / 40° / Stufe 2) erwärmen.

Anmerkungen:

- Nehmen Sie Schokolade nach Wahl, um verschiedene Glasuren herzustellen.
- Dunkle Schokoglasur – Zartbitterschokolade mit einem Kakaoanteil von mindestens 60%
- Helle Schokoglasur – Vollmilchschokolade
- Weiße Schokoglasur – Weiße Schokolade
- Wir verwenden die dunkle Schokoglasur u.a. auch für die Herstellung von Stracciatella-Eis. Das entsprechende Rezept finden Sie ebenfalls in diesem Band.
- Die Schokolade lässt sich einfacher zerkleinern, wenn Sie vor der Verarbeitung im Kühlschrank aufbewahrt wurde.
- Ungehärtetes Kokosfett (nicht zu verwechseln mit Palmfett!) erhalten Sie im Bioladen. Es sorgt dafür, dass die Glasur bei Zimmertemperatur flüssig bleibt.

Rezeptvarianten:

- Für eine Nuss-Schokoglasur zunächst 20 g Nüsse (nach Geschmack: Haselnüsse, Walnüsse, alternativ auch Mandeln) in den Mixtopf geben und 3 Sekunden / Stufe 5 zerkleinern. Diese dann in einer Pfanne bei mittlerer Hitze ohne Zugabe von Fett rösten, bis sich ein intensiver Nussduft entwickelt. Die Nüsse anschließend in die fertige Glasur geben und untermischen.

- 2 EL Kokosflocken (oder Haferflocken) in einer Pfanne rösten und unter die fertige Glasur mischen.

Serviervorschläge:

- Auf Eis verteilen und erstarren lassen. Köstliche Eisrezepte finden Sie ebenfalls in diesem Band.
- Sehr lecker auch auf Puddings, Früchten am Spieß oder Kuchen. Damit die Glasur fest wird, nach dem Auftragen in den Kühlschrank geben!

Eis, cremiges mit Varianten

Hinweis:

Mit dieser Zubereitungsanweisung können Sie auch ohne Eismaschine herrlich cremiges Eis herstellen.
Das Eis ist etwas zeitintensiver in der Herstellung, aber es lohnt sich, da durch die speziellen Zutaten und die Zubereitung keine Eiskristalle entstehen.
Die Vorgehensweise – im Folgenden erläutert – ist hierbei immer gleich.
Wir geben daher zunächst eine für alle Rezeptvarianten gültige Anleitung. Die Zubereitungshinweise der Eisgrundmassen für die verschiedenen Eissorten finden Sie dann weiter unten.

Hinweis für Benutzer von Eismaschinen:

Wenn Sie das Eis in der Eismaschine zubereiten möchten, können Sie die Eismasse wie in den Rezepten angegeben zubereiten.
Dann jedoch lediglich für 4 Stunden einfrieren, anschließend nochmal schaumig aufschlagen und für ca. 50 Minuten in die Eismaschine geben.
Die Konsistenz ist danach herrlich cremig!

Wir wünschen guten Appetit und viel Spaß bei der Eisherstellung!

Eis, cremiges – Herstellung

Eisgrundmasse (gemäß Eisvariante) .... in den Mixtopf geben und *laut Anweisung der Eisvariante erhitzen*. Anschließend 1 Minute / Stufe 10 mixen.

Die Masse in Eiswürfelbehälter oder Silikonformen füllen, abkühlen lassen und ca. 12 Stunden in den Gefrierschrank stellen.

Die Eismasse muss anschließend noch zweimal schaumig gemixt werden, zunächst nach den 12 Stunden Gefrierzeit, dann nach weiteren 8 Stunden.

Hierzu zunächst die Hälfte der gefrorenen Eismasse in Stücken in den Mixtopf geben und *gemäß Anweisung der Eisvariante schaumig aufschlagen*. Die zweite Hälfte nach ca. 1 Minute durch die Deckelöffnung stückweise zugeben und weiter mixen.

Die Eismasse anschließend wieder in den Gefrierbehälter zurückfüllen.

Nach dem letzten Mixvorgang die Eismasse nochmals ca. 4 Stunden einfrieren – diesmal ruhig als Gesamtmasse in einem Behälter.

Danach ist das Eis cremig portionierbar.

Anmerkungen:

- Herstellungsübersicht: Eismasse herstellen – 12 Stunden gefrieren – 1. Mal cremig mixen – 8 Stunden gefrieren – 2. Mal cremig mixen – 4 Stunden gefrieren – genießen!
- Anstelle von Eiswürfelbehältern eignen sich auch Silikonformen oder flache Plastikschüsseln. Diese Formen sollten Sie zur leichteren Entnahme der gefrorenen Eismasse am besten jeweils kurz in heißes Wasser stellen.

Serviervorschlag:

- Genießen Sie das Eis mit einer unserer „knackigen“ Eisglasuren. Das entsprechende Rezept finden Sie ebenfalls in diesem Band.

Vanille- und Schokoladeneis

Vanilleeis

200 g	**Sahne (süß)**	
400 g	**Milch**	
4	**Eigelb**	
1 gestr TL	**Johannisbrotkernmehl**	
1 gestr TL	**Oligofructose**	
50 g	**Rohrohrzucker**	
35 g	**Zuckersirup**	
1	**Vanilleschote (hiervon lediglich das Mark)**	in den Mixtopf geben und 20 Minuten / 80° / Stufe 3 erhitzen. Danach wie oben angegeben weiter verfahren. *Schaumig aufschlagen zwischen den Gefriervorgängen jeweils 3 Minuten / Stufe 5.* Als *Rezeptvariante* vor dem letzten Gefriervorgang Smarties unterrühren.

Schokoladeneis

100 g	**Schokolade (Edelbitter, Kakaoanteil mind. 60%, in Stücken)**	in den Mixtopf geben und 10 Sekunden / Stufe 8 zerkleinern.
300 g	**Sahne (süß)**	
300 g	**Milch**	
1 gestr TL	**Johannisbrotkernmehl**	
1 gestr TL	**Oligofructose**	

50 g	**Rohrohrzucker**	
30 g	**Zuckersirup**	zugeben und 20 Minuten / 80° / Stufe 3 erhitzen. Danach wie oben angegeben weiter verfahren. *Schaumig aufschlagen zwischen den Gefriervorgängen jeweils 3 Minuten / Stufe 5.* Als *Rezeptvariante* vor dem letzten Gefriervorgang kleine Schokoladenstückchen untermischen.

Milcheis mit Varianten

Milcheis – Basisrezept

1000 g	**Milch (frisch, 3,5%)**	
320 g	**Zuckersirup**	
2 Pr	**Zitronensäure**	
2 gestr TL	**Johannisbrotkernmehl**	
2 gestr TL	**Oligofructose**	in den Mixtopf geben und 10 Minuten / 50° / Stufe 3 erhitzen. Danach wie oben angegeben weiter verfahren. Schaumig aufschlagen zwischen den Gefriervorgängen jeweils 2 Minuten / Stufe 5.

Rezeptvarianten:

- **Stracciatella-Eis** (2 Portionen): Die Hälfte der Eismasse nach dem letzten Mixvorgang in eine Plastikschüssel einfüllen. Die knackige Eisglasur (bis auf 1 EL) in der Variante „dunkle Schokoglasur“ auf der Eismasse verteilen und mit einer Gabel spiralförmig untermischen. Die restliche Glasur dekorativ auf der verrührten Eismasse verteilen, alles mit Frischhaltefolie abdecken und mit gut verschlossenem Deckel die letzten 4 Stunden einfrieren.

- **Spaghetti-Eis** (2 Portionen): Von dem fertigen cremigen Eis 400 g in den Mixtopf geben und 8 Sekunden / Stufe 3 mixen. Durch eine Kartoffelpresse drücken und so wie Spaghetti auf 2 Tellern anrichten. Für die Erdbeersauce 100 g Zucker in den Mixtopf geben und 10 Sekunden / Stufe Turbo pulverisieren. 500 g Erdbeeren (frisch) zugeben und 1 Minute / Stufe 5 vermengen. Die Erdbeersauce über das Spaghetti-Eis geben. Weiße Schokolade zerkleinern und über die Erdbeersauce streuen. (Anstelle von Erdbeeren eignen sich auch Himbeeren. Wenn Sie statt frischer Früchte Tiefkühlware verwenden, sollten sie vor dem Vermengen noch etwas Milch zugeben, damit die Sauce nicht zu fest wird.)

Anmerkungen zu den Eisgrundmassen

- Ein Rezept für selbst hergestellten Zuckersirup finden Sie unter der Rubrik „Selbstgemachtes“ in diesem Band.
- Oligofructose ist ein löslicher Ballaststoff, der in vielen Frucht- und Getreidearten als natürlicher Bestandteil vorkommt und u.a. die gesunde Darmflora fördert. In Verbindung mit Zucker und Johannisbrotkernmehl sorgt es dafür, dass das Eis im gefrorenen Zustand portionierbar bleibt. Johannisbrotkernmehl ist ein geschmacksneutrales Bindemittel, welches aus der Frucht des Johannisbrotkernbaumes gewonnen wird. Zitronensäure dient zur Konservierung und Säuerung von Lebensmitteln. Oligofructose gibt es in Apotheken, Johannisbrotkernmehl und Zitronensäure im Bio-Laden und in jedem gut sortierten Supermarkt.
- Statt Zuckersirup können Sie auch die gleiche Menge Agavendicksaft verwenden.

Erdbeer-Limes (1 Liter)

90 g	**Zucker**	in den Mixtopf geben und 20 Sekunden / Stufe Turbo pulverisieren.
600 g	**Erdbeeren (gefroren)**	zugeben und 30 Sekunden / Stufe Turbo mit Hilfe des Spatels pürieren.
100 g	**Zitronensaft**	
125 g	**Wasser (kalt)**	
350 g	**Wodka**	zugeben und nochmals 15 Sekunden / Stufe 4 vermischen. Direkt genießen oder bis zum Verzehr gut kühlen.

Anmerkungen:

- Eventuell das fertige Getränk noch durch ein Sieb streichen.
- Die gefrorenen Früchte machen das Getränk richtig kühl und „sämig“.

Rezeptvarianten:

- Erdbeeren durch andere gefrorene Früchte ersetzen, z.B. Brombeeren, Pfirsiche, Nektarinen, Kiwi, Kirschen oder auch Himbeeren.
- Bei der Zubereitung mit frischen Früchten reichen etwa 10 Sekunden zum Pürieren. Vor dem Verzehr muss das Getränk dann allerdings gut gekühlt werden.

Sgroppino (ca. 4 Gläser)

400 g	**Eiswürfel**	in den Mixtopf geben und 10 Sekunden / Stufe 6 crushen.
Saft von 3	**Zitronen (ca. 100 g)**	
100 g	**Zucker**	
50 g	**Wodka**	
50 g	**Sekt**	
3 EL	**Milch**	zugeben und 1 Minute / Stufe 4 mixen.

Anmerkungen:

- Das Getränk wird in der Regel „gelöffelt“.
- Ideal als erfrischender Begrüßungscocktail für Gäste.
- Milch gehört unbedingt in das Getränk, weil diese bewirkt, dass das Eis richtig „steht“.

Rezeptvarianten:

- Wodka durch Tequila ersetzen.
- Zitronensaft durch Orangensaft oder Zitronen- und Orangensaft ersetzen. Eventuell die Zuckermenge auf 40 g reduzieren, da die Orangen schon eine natürliche Süße haben.
- Zitronensaft (oder Orangensaft) vorher in Würfeln einfrieren und dann zusammen mit den „normalen“ Eiswürfeln direkt crushen.
- 25 g Zucker durch Grenadinesirup ersetzen. Das Getränk erhält dadurch auch eine „schönere“ Farbe.
- Für größere Mengen (z.B. als Begrüßungsdrink) die 4fache Zitronen-Zucker-Wodka-Sekt-Mischung schon in 1-Liter-Flaschen abfüllen. Zum Servieren dann 250 g dieser Mischung mit der Milch und dem gecrashten Eis vermengen.

Sgroppino - alkoholfrei (ca. 4 Gläser)

300 g	**Eiswürfel (aus Fruchtsaft)**	
200 g	**Eiswürfel**	in den Mixtopf geben und 10 Sekunden / Stufe 6 crushen.
40 g	**Zucker**	
100 g	**Wasser (warm!)**	
2 EL	**Milch**	zugeben und 1 Minute / Stufe 4 mixen.

Anmerkungen:

- Für die Fruchtsafteiswürfel eignet sich jeder beliebige Saft, auch Fruchtsaftmischungen.
- Das Getränk wird in der Regel „gelöffelt“.
- Ein erfrischender Sommer- oder auch Begrüßungsdrink für Gäste.
- Milch gehört unbedingt in das Getränk, weil diese bewirkt, dass das Eis richtig „steht“.

Rezeptvariante:

- Für eine kalorienreduzierte Variante kann auf den Zucker komplett verzichtet werden, wenn zum Großteil süße Fruchteiswürfel, z.B. Mango, verwendet werden.

Eiskaffee, schneller

½ - 1 MB	**Cappuccino-Pulver**	
1 Beutel	**Eiswürfel (ca. 25 Stück)**	
500 g	**Milch**	in den Mixtopf geben, 40 Sekunden / Stufe Turbo vermischen und anschließend noch 30 Sekunden / Stufe 8 aufschäumen.

Anmerkungen:

- Cappuccino-Pulver lässt sich einfach selbst herstellen. Ein entsprechendes Rezept finden Sie in unserem Band 1.
- Für einen intensiveren Cappuccinogeschmack einfach mehr Pulver zugeben.

Rezeptvarianten:

- Cappuccino-Pulver durch Instantkaffee ersetzen, der vor Zugabe der restlichen Zutaten nochmal kurz auf Stufe Turbo pulverisiert wird. Diesen jedoch vorsichtig dosieren, da er sehr geschmacksintensiv ist.
- Weiterhin eignet sich auch normaler Kaffee oder Espresso.
- Eventuell noch 1 Kugel Vanilleeis zugeben.
- Nach Geschmack verfeinern, z.B. mit Amaretto oder aromatisiertem Sirup.

Orangen-Buttermilch-Shake

2	**Orangen (kernlos)**	schälen, filetieren und in Stücken in den Mixtopf geben.
1 – 2 EL	**Honig**	zugeben und 20 Sekunden / Stufe Turbo pürieren.
500 g	**Buttermilch**	zugeben und weitere 15 Sekunden / Stufe Turbo aufschäumen.

Anmerkungen:

- Eine herrliche Erfrischung – nicht nur im Sommer!
- Wenn die Orangen schon sehr süß sind, die Honigmenge reduzieren oder den Honig ganz weglassen.
- Ideal zur Stärkung der Abwehrkräfte und obendrein noch kalorienarm.

Rezeptvarianten:

- Buttermilch durch Kefir, Joghurt (mit einem „Spritzer“ Zitronensaft) oder einen Teil „normale“ Milch ersetzen.
- Orangen durch andere Früchte ersetzen, z.B. Himbeeren oder Birnen.
- Lecker schmeckt der Shake auch mit Mandarinen oder Limetten. Hierbei jedoch nur eine halbe Frucht verwenden, sonst wird das Getränk zu sauer!
- Orangen durch einen beliebigen Fruchtsaft ersetzen.
- Honig durch etwas Banane ersetzen.
- Super lecker auch als Eis! Einfach in Stieleis-Portionsförmchen füllen, gefrieren lassen und anschließend schlecken.

Zitronen-Limo – der ultimative Durstlöscher

2	**Zitronen (unbehandelt)**	achteln und zusammen mit
100 g	**Zucker (weiß)**	und
1 Hand voll	**Eiswürfel**	in den Mixtopf geben und 4mal hintereinander kurz auf Stufe 10 schalten (Intervall).
1 l	**Wasser (kalt)**	zugeben und alles 3 Sekunden / Stufe 4 bis 5 verrühren. Den Siebeinsatz einhängen und die Limomade (z.B. in eine Karaffe) abseihen.

Anmerkungen:

- Noch erfrischender schmeckt die Limonade, wenn sie mit Mineralwasser zubereitet wird (Vorsicht: Beim Verrühren schäumt es ziemlich, daher lieber nur auf Stufe 2, dafür aber etwas länger!).
- Wer es nicht gerne so stückig mag, kann die Flüssigkeit vor der Zugabe des Wassers noch durch ein feines Sieb seihen.
- Am nächsten Tag, gut durchgezogen, schmeckt die Zitronen-Limo wie Bitter Lemon.
- Im Anschluss an dieses Rezept bietet es sich an, aus den Resten direkt unser vielseitiges Putzmittel herzustellen. Das Rezept finden Sie ebenfalls in diesem Band.

Rezeptvarianten:

- Anstelle von Zitronen unbehandelte Limetten verwenden, dann aber evtl. etwas mehr Zucker geben, damit es nicht zu sauer wird.
- Auch mit Brombeeren eine willkommene Erfrischung.

- Die Limo lässt sich prima als Basis zur Herstellung verschiedener alkoholischer Getränke verwenden: Einfach am nächsten Tag einen Schuss Wodka zugeben und einen perfekten Wodka-Lemon genießen. Oder aber die Zitronen-/Zucker-/Eismischung mit Tonic statt mit Wasser auffüllen und einen Schuss Gin zugeben.

Serviervorschläge:

- Eine Kugel Zitroneneis zugeben und eiskalt genießen.
- Mit Zitronenscheiben oder Melisseblättchen und Eiswürfeln serviert ein idealer Durstlöscher, nicht nur an heißen Sommertagen!

Paradies-Kakao

1 Riegel	**Schokolade (Zartbitter)**	in den Mixtopf geben und 3 bis 4 Sekunden / Stufe Turbo pulverisieren.
300 g	**Vollmilch (frisch)**	
300 g	**Kokosmilch**	zugeben und 6 bis 7 Minuten / 90° / Stufe 1 erhitzen.
3 TL	**Kakao (Instant)**	
3 TL	**Zucker (braun)**	
2 Pr	**Salz**	
evtl. 2 Pr	**Zimt**	
evt. 1 – 2 Pr	**Chilipulver**	zugeben und alles 40 Sekunden / Stufe Turbo aufschäumen.

Anmerkungen:

- Ein himmlisches Getränk, nicht nur für die kalte Jahreszeit.
- Kokosmilch gibt es mittlerweile in vielen gut sortierten Supermärkten in der „Asia-Abteilung". Diese sollte möglichst keine Stabilisatoren enthalten (der Zutatenliste zu entnehmen!). Wir selbst kochen am liebsten mit Kokosmilch aus Kartonpackungen, da diese meist ohne Zusatzstoffe und von der Konsistenz her ideal ist.

Rezeptvarianten:

- Kokosmilch selbst herstellen: Kokosraspel in heißem Wasser einweichen, das Wasser anschließend absieben, die Raspeln mit einem sauberen Baumwolltuch auspressen und dabei die Kokosmilch auffangen. Mit Ananas-Saft vermischt schmeckt die Milch übrigens auch hervorragend in einem fruchtigen Cocktail oder auch zu scharfen asiatischen Speisen.

- Wer es nicht ganz so „kokosnussig" mag, verwendet nur 200 g Kokosmilch, dafür aber einen Riegel Zartbitterschokolade mehr.
- Für die kalorienreduzierte Variante fettarme Milch verwenden.
- Milcheiweißallergiker und Veganer können Sojamilch verwenden.
- Auch mit Mandelmilch eine sehr leckere Variante.

Serviervorschlag:

- In hohe Trinkgläser füllen und mit Sahne und Zimt oder Schokostreuseln garnieren.

Einback (ca. 20 Stück)

75 g	**Butter (weich)**	
150 g	**Milch**	
1 Wü	**Hefe**	in den Mixtopf geben und 2 Minuten / 37° / Stufe 2 (3 Minuten / 40° / Stufe 3) erwärmen.
500 g	**Mehl (Type 550)**	
75 g	**Zucker**	
2	**Eier**	zugeben und 3 Minuten / Teigstufe zu einem Hefeteig verarbeiten. Den Teig im Mixtopf bis auf etwa die doppelte Größe gehen lassen (ca. 30 Minuten) und anschließend nochmals 2½ Minuten / Teigstufe kneten. Den Teig entnehmen und in Stücke à ca. 50 g teilen. Aus diesen jeweils ca. 2 cm breite und 8 cm lange Röllchen formen und dicht aneinander auf ein mit Backpapier ausgelegtes Backblech legen. Zugedeckt ca. 20 Minuten bei Zimmertemperatur gehen lassen. Anschließend mit
	Eigelb	bestreichen und im vorgeheizten Backofen bei 175 ° ca. 20 bis 25 Minuten backen.

Anmerkungen:

- Die Teigstücke sollten auf dem Backblech so nah aneinander liegen, dass sie sich beim Aufgehen berühren können und aneinander backen.

- Einback schmecken wie Milchbrötchen, werden aber als „Leiste“ gebacken, von der man dann Stück für Stück abreißt. In einigen Gebieten werden sie daher auch „Reihenwecken“ genannt.

Rezeptvarianten:

- ½ TL Zitronenzucker mit in den Teig geben.
- Aus dem Teig Brezeln formen oder mal einen Zopf „flechten“.
- Statt mit Eigelb, die Rohlinge vor dem Backen mit Kondensmilch oder „normaler“ Milch bepinseln.
- Rosinen mit in den Teig kneten.

Serviervorschläge:

- Mit Hagelzucker bestreuen.
- Dieses leckere Gebäck schmeckt sowohl warm als auch kalt mit Butter, Honig, Toffeetella, Marmelade oder einfach nur so! Ein Rezept für leckere Erdbeer-Sekt-Marmelade finden Sie in Band 2, das Rezept für Toffeetella in diesem Band.

Vanilleschnecken, feine (ca. 15 Stück)

Für den Teig:

125 g	**Milch**	
100 g	**Butter**	
1 Wü	**Hefe**	in den Mixtopf geben und 2 Minuten / 37° / Stufe 1 bis 2 (2 Minuten / 40° / Stufe 1 bis 2) erwärmen.
500 g	**Mehl (Type 550)**	
70 g	**Zucker**	
1 Pck	**Vanillezucker**	
2	**Eier**	
1 Pr	**Salz**	zugeben und 2 Minuten / Teigstufe verkneten. Den Teig in eine Schüssel umfüllen und abgedeckt 30 Minuten gehen lassen. In der Zwischenzeit die Füllung vorbereiten.

Für die Füllung:

		Den Mixtopf ausspülen. ***Rühraufsatz einsetzen!***
750 g	**Milch**	
2 Pck	**Puddingpulver (Vanille)**	
80 g	**Zucker**	in den Mixtopf geben und 6½ Minuten / 100° / Stufe 3 zu einem dicken Pudding kochen. Nach Ende der Garzeit sofort in eine Schüssel umfüllen (sonst brennt er am Topf an!) und abkühlen lassen. Während des Erkaltens mehrmals umrühren, um eine Hautbildung zu vermeiden (alternativ vor dem Ab-

		kühlen mit Frischhaltefolie bedecken, das erspart das Umrühren). Anschließend
100 g	**Rosinen (gewaschen)**	vorsichtig unterrühren.

Fertigstellung:

Den Teig leicht mit Mehl bestäuben, aus der Schüssel nehmen und auf einer bemehlten Arbeitsfläche zu einem Rechteck von ca. 40 x 60 cm ausrollen.
Den ausgerollten Teig auf ein Stück Backpapier in gleicher Größe legen, mit der erkalteten Füllung bestreichen und von der kurzen Seite her mit Hilfe des Backpapiers vorsichtig aufrollen.
Danach mit einem ***scharfen*** Messer in ca. 2 cm dicke Scheiben schneiden (das Messer zwischendurch immer wieder unter kaltem Wasser abspülen, damit nichts anklebt) und auf ein mit reichlich Backpapier ausgelegtes Backblech legen.
Den Backofen auf 180° Umluft aufheizen und die Schnecken während der Aufheizzeit gehen lassen. Anschließend in ca. 15 Minuten goldbraun fertig backen.

Etw	**Vanillezucker**	mit
etw	**Zitronensaft**	vermischen und die Schnecken kurz vor Ende der Backzeit damit überziehen.

Anmerkungen:

- Diese leckeren Schnecken gehen beim Backen ganz toll auf!

- Vanillezucker lässt sich einfach selbst herstellen. Ein entsprechendes Rezept finden Sie in unserem Band 1.
- Durch das Bestreichen mit dem Zucker-Zitronen-Gemisch erhalten die Schnecken eine tolle Farbe und außerdem eine leicht zitronig - fruchtige Geschmacksnote.
- Das Aufrollen des Teiges erfordert etwas Geschick. Hierbei darauf achten, dass man den Pudding nicht „vor sich herschiebt". Das funktioniert am besten, wenn der Pudding wirklich vollständig abgekühlt ist. Das Anheben des Backpapiers erleichtert das Aufrollen.
- Die Teigrolle unbedingt mit einem sehr scharfen Messer schneiden, damit der Pudding nicht zu sehr herausgedrückt wird. Da es sich kaum vermeiden lässt, dass etwas Pudding an der Seite herauskommt, das Schneiden auf einer Unterlage vornehmen und erst dann die Schnecken z.B. mit Hilfe eines Kuchenhebers auf das Backblech legen.
- Falls die Milch für die Puddingfüllung direkt aus dem Kühlschrank kommt, kann sich die Kochzeit etwas verlängern. Sollte der Pudding dann immer noch nicht fest werden, etwas Reismehl zugeben und erneut aufkochen. Ein Rezept für die Herstellung von Reismehl finden Sie in unserem Band 1.

Rezeptvarianten:

- Statt Rosinen Schoko-, Apfelstückchen oder auch Nüsse in die Füllung geben.
- Vanille-Puddingpulver durch Mandel-Puddingpulver ersetzen, anstelle von Rosinen Mandeln in die Füllung geben.
- Marzipanfüllung: 200 g Rosinen, 100 g Zucker, 2 Pck Vanillezucker, 100 g Mandeln (gehackt), 200 g Marzipan, 2 Eiweiß, evtl. 4 EL Cognac auf Stufe 3 verrühren.
- Nussfüllung: 250 g Nüsse (gemahlen), 75 g Zucker, evtl. 1 EL Zimt, Eischnee (aus 2 Eiweiß), 3 EL Sahne auf Stufe 3 vermischen.

Nusshefezöpfe, gefüllte (2 Stück)

Für den Teig:

250 g	**Milch**	
80 g	**Butter (weich)**	
½ Wü	**Hefe**	in den Mixtopf geben und 3 Minuten / 37° / Stufe 2 (3 Minuten / 40° / Stufe 2) erwärmen.
1	**Ei**	
50 g	**Zucker**	zufügen und 10 Sekunden / Stufe 3 unterrühren.
500 g	**Weizenmehl (Type 550)**	
½ TL	**Salz**	einfüllen und alles 3 Minuten / Teigstufe verkneten. Den Teig in eine Schüssel umfüllen und an einem warmen Ort mindestens 30 Minuten bis auf die doppelte Größe gehen lassen. In der Zwischenzeit die Füllung vorbereiten.

Für die Füllung:

		Den Mixtopf reinigen und gut trocknen.
150 g	**Haselnüsse**	in den Mixtopf geben, 10 Sekunden / Stufe 7 mahlen und umfüllen. Weitere
150 g	**Haselnüsse**	in den Mixtopf geben und ebenfalls 10 Sekunden / Stufe 7 mahlen. Die anderen bereits gemahlenen Haselnüsse wieder dazu geben,
150 g	**Milch**	
150 g	**Zucker**	
1 Pck	**Vanillezucker**	

½ TL	**Zimt**	zufügen und 3 Minuten / 100° / Stufe 2 bis 3 erhitzen. Die Masse abkühlen lassen. Anschließend
1	**Eiweiß (Eigelb aufbewahren!)**	
1 EL	**Rumaroma**	zugeben und 1 Minute /Stufe 3 unterrühren.

Fertigstellung:

		Den Teig in zwei Teile teilen, jeweils auf einer bemehlten Arbeitsfläche ausrollen, mit der Hälfte der Nussfüllung bestreichen und von der langen Seite her aufrollen. Die beiden Teigrollen mit
etw	**Mehl**	bestäuben und nebeneinander auf ein mit Backpapier ausgelegtes Backblech legen. Nun mit einer Schere die Rollen der Länge nach bis zur Mitte einschneiden. Die dabei entstandenen beiden Zopfstränge spiralförmig umeinander schlingen. Anschließend das Backblech um 180° drehen, die Teigrollen nun von der anderen Seite ebenfalls der Länge nach bis zur Mitte einschneiden und wiederum die beiden jeweils entstandenen Teigstränge spiralförmig umeinander wickeln. Den Backofen auf 180° Ober-/Unterhitze vorheizen. In der Zwischenzeit
1	**Eigelb**	mit
etw	**Milch**	verrühren, die Zöpfe damit bestreichen und diese gehen lassen, bis die Backtemperatur erreicht ist.

Das Backblech in den Ofen schieben und die Zöpfe ca. 30 Minuten backen.

Anmerkungen:

- Vanillezucker lässt sich einfach selbst herstellen. Ein entsprechendes Rezept finden Sie in unserem Band 1.
- Diese leckeren Hefezöpfe lassen sich auch prima einfrieren.
- Die Anleitung zum „Flechten“ liest sich zunächst vielleicht etwas kompliziert, wenn Sie sich aber Schritt für Schritt genau an unsere Anleitung halten, werden Sie die Zöpfe ohne Probleme formen können!
- Die Füllung muss unbedingt abkühlen, bevor das Eiweiß zugegeben wird, da dieses sonst gerinnt.

Rezeptvarianten:

- 500 g Weizenmehl Type 550 durch 250 g frisch gemahlenen Weizen und 250 g Weizenmehl Type 1050 ersetzen.
- „Normalen“ (weißen) Zucker durch Rohrohrzucker austauschen. Dann allerdings jeweils etwas weniger Zucker verwenden.
- Für die Füllung 150 g Haselnüsse und 150 g Mandeln verwenden.
- Wer die Nüsse / Mandeln gerne „stückiger“ mag, sollte diese nur einige Sekunden auf Stufe 7 – mit Sichtkontakt – bis zur gewünschten Größe zerkleinern.
- Butter-Vanillearoma statt Rumaroma verwenden.
- Anstelle von Rumaroma kann man auch sehr gut 1 EL „echten“ Rum nehmen.
- Die Zöpfe nach dem Backen noch mit einer Puderzuckerglasur (Puderzucker mit etwas Wasser oder Zitronensaft angerührt) überziehen.

Zwetschgenkuchen mit Quarkwölkchen

Für den Hefeteig:

1 Wü	**Hefe**	
90 g	**Zucker**	
200 g	**Milch**	in den Mixtopf geben und 3 Minuten / 37° / Stufe 2 (3 Minuten / 40° / Stufe 2 erwärmen.
70 g	**Butter**	
10 g	**Öl (geschmacksneutral)**	
½ TL	**Salz**	
1	**Ei**	
500 g	**Mehl (Type 550)**	zugeben und 2 Minuten / Teigstufe zu einem geschmeidigen Teig kneten. Den Hefeteig in eine Schüssel umfüllen und abgedeckt ca. 30 Minuten gehen lassen. In der Zwischenzeit
ca. 2 kg	**Zwetschgen**	waschen, entsteinen und nun die Quarkwölkchen herstellen.

Für die Quarkwölkchen:

150 g	**Mehl (Type 550)**	
80 g	**Zucker**	
40 g	**Quark (Magerstufe)**	
40 g	**Butter**	
etw	**Zimt**	in den Mixtopf geben und 20 Sekunden / Stufe 5 zu „Wölkchen“ verarbeiten.

Fertigstellung:

Den Backofen auf 180° Ober-/Unterhitze vorheizen.
Den Hefeteig auf einem mit Backpapier ausgelegten Backblech ausrollen. Dabei die Ränder etwas hochziehen.
Den Teig nochmals gehen lassen, bis der Backofen die nötige Backtemperatur erreicht hat.
Nun die Zwetschgen „ziegelartig" nebeneinander auf dem Teig verteilen.
In die Zwischenräume und über die Zwetschgen

etw **Paniermehl** .... streuen.

Zum Schluss von der Quarkmasse mit zwei Teelöffeln einzelne „Wölkchen" abnehmen und auf dem Kuchen verteilen.
Das Ganze in ca. 25 Minuten fertig backen.

Anmerkung:

- Durch das Paniermehl wird die aus den Zwetschgen beim Backen austretende Flüssigkeit aufgesogen und der Kuchen wird nicht so „matschig".

Rezeptvarianten:

- Margarine durch Butter austauschen.
- Kirschen, Aprikosen, Mirabellen oder andere Früchte statt Zwetschgen verwenden.

Serviervorschlag:

- Mit Schlagsahne servieren oder einfach „pur" genießen.

Mohnkuchen mit Schmandguss

Für den Teig:

180 g	**Weizenmehl (Type 550)**	
½ TL	**Backpulver**	
80 g	**Zucker**	
1	**Ei**	
75 g	**Butter**	in den Mixtopf geben und 3 Minuten / Teigstufe verkneten. Den Teig mit Hilfe des Spatels oder eines Teigschabers in eine gefettete Springform streichen, dabei einen Rand ziehen. Den Mixtopf reinigen und gut trocknen. Den Backofen auf 175° Ober-/Unterhitze vorheizen und in der Zwischenzeit die Füllung vorbereiten.

Für die Füllung:

200 g	**Mohn**	
50 g	**Mandeln**	in den Mixtopf geben, 30 Sekunden / Stufe Turbo fein mahlen und umfüllen. ***Rühraufsatz einsetzen!***
1 Pck	**Puddingpulver (Vanille)**	
500 g	**Milch**	
4 EL	**Zucker**	in den Mixtopf geben, zunächst 7 Minuten / 90° / Stufe 3 erhitzen, dann 1 Minute / 100° / Stufe 3 zu einem dicken Pudding kochen. ***Rühraufsatz entfernen!***
70 g	**Grieß**	
1 EL	**Rum**	

½ Fl	**Butter-Vanille-Aroma**	
250 g	**Schmand**	
100 g	**Eierlikör**	sowie gemahlenen Mohn und Mandeln zugeben und alles 10 Sekunden Stufe 4 unterrühren. Die Füllung auf dem Mürbeteig verteilen und glatt streichen. Den Mixtopf säubern.

Für den Guss:

Rühraufsatz einsetzen!

125 g	**Zucker**	
3	**Eier**	in den Mixtopf geben und 5 Minuten / 50° / Stufe 3 schaumig schlagen.
400 g	**Schmand**	zugeben und auf Stufe 3 unterrühren.

Fertigstellung:

Den Guss vorsichtig auf der Füllung verteilen.
Im vorgeheizten Backofen bei 175° ca. 75 Minuten backen, dabei den Kuchen nach etwa der Hälfte der Backzeit vorsichtig mit Alufolie abdecken.

Anmerkungen:

- Backmohn gibt es im Bio-Laden und meist auch in der Backabteilung des gut sortierten Supermarktes.
- Eierlikör lässt sich einfach selbst herstellen. Ein entsprechendes Rezept finden Sie in unserem Band 2.

Rezeptvarianten:

- Schmand durch fettreduzierten Frischkäse austauschen.
- Für eine alkoholfreie Variante Eierlikör und Rum weglassen.

Zuckersirup

800 g	**Zucker**	
400 g	**Wasser**	
5 g	**Zitronensäure**	in den Mixtopf geben und 15 Minuten / Dampfgarstufe / Stufe 2 aufkochen. Den Sirup direkt heiß in eine Flasche umfüllen. Er ist sofort verwendbar. Zur Aufbewahrung in den Kühlschrank stellen.

Anmerkungen:

- 5 g Zitronensäure entsprechen in der Regel einer kleinen Tüte. Sie finden diese in der Backabteilung des gut sortierten Supermarktes.
- Gut gekühlt ist der Sirup ca. ½ Jahr haltbar.
- Zuckersirup löst sich – im Gegensatz zu „normalem" Zucker – sogar in eiskalten Getränken schnell und vollständig auf.
- In diesem Band findet er beispielsweise in unseren Eisrezepten Verwendung.

Putzmittel, vielseitiges

3 große	**Zitronen (Bio, inkl. Schale)**	in groben Stücken in den Mixtopf geben und 20 Sekunden / Stufe 10 zerkleinern.
1 MB	**Essig**	
2 MB	**Speisesalz (grob)**	
3 MB	**Wasser**	zugeben und alles 7 Minuten / 100° / Stufe 4 aufkochen. Durch ein Haarsieb filtern, abkühlen lassen und in eine Dosierflasche umfüllen.

Anmerkungen:

- Bei der Verwendung von Essigessenz diese nach Anleitung entsprechend verdünnen!
- Dieses leicht herzustellende, umweltfreundliche und vielseitige Putzmittel duftet lecker nach Zitrone.
- Der Einsatzbereich ist vielseitig von Duschkabine über Sanitärobjekte bis zu Spülen und Fliesenböden und ideal zur Entfernung von Kalkflecken.
- Bitte Handschuhe benutzen, da die Säure die Haut reizen könnte.
- Am besten stellt man dieses Putzmittel nach der Zubereitung unserer Zitronen-Limonade, dem ultimativen Durstlöscher (das Rezept finden Sie auch in diesem Band), her. So haben Sie gleich eine Verwendung für die übrig gebliebenen Zitronen.
- Einige Wunderkessel-Mitglieder haben diesen Zitronenreiniger sogar erfolgreich in der Spülmaschine verwendet. Hierbei entspricht 1 Spülmaschinen-Reiniger-Tab 2 EL Zitronenreiniger. Salz und Klarspüler wie gewohnt verwenden. Wir können hier – verständlicherweise – allerdings keine Haftung übernehmen.

Duschpralinen

100 g	**Seife (in groben Stücken)**	in den Mixtopf geben und auf Stufe 8 zerkleinern.
80 g	**Kokosfett (Palmin)** ***oder*** **Palmfett (Cremana) (geschmolzen)**	dazugeben und gut auf Stufe 8 untermischen.
100 g	**Wasser (destilliert, heiß)**	zugießen und alles nochmals auf Stufe 8 gut verrühren. Die Masse noch warm in Eiswürfelförmchen geben und über Nacht in den Gefrierschrank stellen.

Anmerkungen:

- Diese tollen Pralinen schmelzen, wenn man sie zum Baden oder Duschen auf der Haut verreibt. Sie pflegen die Haut und ersparen das abschließende Eincremen nach dem Bad oder der Dusche. Außerdem sind sie chemiefrei und mal ein etwas „anderes" Mitbringsel.
- Möglichst Naturseife aus Pflanzenölen verwenden.
- Eiswürfelbehälter mit hübschen Formen gibt es z.B. bei IKEA.
- Offen aufbewahren.
- Der Mixtopf wird z.B. mit dem vielseitigen Putzmittel aus diesem Band wieder geruchs- und geschmacksneutral sauber.
- Ein ideales Rezept zur Verarbeitung von Seifenresten.

Rezeptvarianten:

- Kakaobutter anstelle von Fett verwenden.
- Destilliertes Wasser durch Kokos- oder Hafermilch ersetzen.
- Lebensmittelfarbe und/oder Lebensmittelaroma zugeben. So erhalten die Pralinen eine schöne Farbe und einen angenehmen Duft.

Abkürzungsverzeichnis

Bd	Bund
Be	Becher
Do	Dose(n)
EL	Esslöffel
Fl	Flasche(n)
etw	etwas
g	Gramm
geh	gehäuft(e)
gestr	gestrichen
Gl	Glas
jew	jeweils
kl	klein(e)
l	Liter
MB	Messbecher (voll – 100 ml, halbvoll – 50 ml)
Msp	Messerspitze(n)
ml	Milliliter
Pck	Päckchen
Pr	Prise(n)
Sch	Schuss
Schei	Scheibe(n)
Schl	Schluck
Sp	Spritzer
St	Stange(n)
Stck	Stück(e)
Ta	Tasse(n)
TK	Tiefkühl
TL	Teelöffel
Tr	Tropfen
Tü	Tüte(n)
Tu	Tube(n)
VEG	Bei diesem Rezept handelt es sich um ein vegetarisches Rezept, bzw. beinhaltet es eine vegetarische Variante!
Wü	Würfel

Stichwortverzeichnis

Impressum

Rezeptauswahl, Texte und Gestaltung:
Barbara Böing und Melanie Winkler-Vorbeck
E-Mail: info@wunderkessel.de

Druck:
RHIEM Druck GmbH, Voerde

4. Auflage September 2011

Sgroppino - alkoholfrei (ca. 4 Gläser)

300 g	**Eiswürfel (aus Fruchtsaft)**	
200 g	**Eiswürfel**	in den Mixtopf geben und 10 Sekunden / Stufe 6 crushen.
40 g	**Zucker**	
100 g	**Wasser (warm!)**	
2 EL	**Milch**	zugeben und 1 Minute / Stufe 4 mixen.

Anmerkungen:

- Für die Fruchtsafteiswürfel eignet sich jeder beliebige Saft, auch Fruchtsaftmischungen.
- Das Getränk wird in der Regel „gelöffelt“.
- Ein erfrischender Sommer- oder auch Begrüßungsdrink für Gäste.
- Milch gehört unbedingt in das Getränk, weil diese bewirkt, dass das Eis richtig „steht“.

Rezeptvariante:

- Für eine kalorienreduzierte Variante kann auf den Zucker komplett verzichtet werden, wenn zum Großteil süße Fruchteiswürfel, z.B. Mango, verwendet werden.

Eiskaffee, schneller

½ - 1 MB	**Cappuccino-Pulver**	
1 Beutel	**Eiswürfel (ca. 25 Stück)**	
500 g	**Milch**	in den Mixtopf geben, 40 Sekunden / Stufe Turbo vermischen und anschließend noch 30 Sekunden / Stufe 8 aufschäumen.

Anmerkungen:

- Cappuccino-Pulver lässt sich einfach selbst herstellen. Ein entsprechendes Rezept finden Sie in unserem Band 1.
- Für einen intensiveren Cappuccinogeschmack einfach mehr Pulver zugeben.

Rezeptvarianten:

- Cappuccino-Pulver durch Instantkaffee ersetzen, der vor Zugabe der restlichen Zutaten nochmal kurz auf Stufe Turbo pulverisiert wird. Diesen jedoch vorsichtig dosieren, da er sehr geschmacksintensiv ist.
- Weiterhin eignet sich auch normaler Kaffee oder Espresso.
- Eventuell noch 1 Kugel Vanilleeis zugeben.
- Nach Geschmack verfeinern, z.B. mit Amaretto oder aromatisiertem Sirup.

Orangen-Buttermilch-Shake

2	**Orangen (kernlos)**	schälen, filetieren und in Stücken in den Mixtopf geben.
1 – 2 EL	**Honig**	zugeben und 20 Sekunden / Stufe Turbo pürieren.
500 g	**Buttermilch**	zugeben und weitere 15 Sekunden / Stufe Turbo aufschäumen.

Anmerkungen:

- Eine herrliche Erfrischung – nicht nur im Sommer!
- Wenn die Orangen schon sehr süß sind, die Honigmenge reduzieren oder den Honig ganz weglassen.
- Ideal zur Stärkung der Abwehrkräfte und obendrein noch kalorienarm.

Rezeptvarianten:

- Buttermilch durch Kefir, Joghurt (mit einem „Spritzer" Zitronensaft) oder einen Teil „normale" Milch ersetzen.
- Orangen durch andere Früchte ersetzen, z.B. Himbeeren oder Birnen.
- Lecker schmeckt der Shake auch mit Mandarinen oder Limetten. Hierbei jedoch nur eine halbe Frucht verwenden, sonst wird das Getränk zu sauer!
- Orangen durch einen beliebigen Fruchtsaft ersetzen.
- Honig durch etwas Banane ersetzen.
- Super lecker auch als Eis! Einfach in Stieleis-Portionsförmchen füllen, gefrieren lassen und anschließend schlecken.

Zitronen-Limo – der ultimative Durstlöscher

2	**Zitronen (unbehandelt)**	achteln und zusammen mit
100 g	**Zucker (weiß)**	und
1 Hand voll	**Eiswürfel**	in den Mixtopf geben und 4mal hintereinander kurz auf Stufe 10 schalten (Intervall).
1 l	**Wasser (kalt)**	zugeben und alles 3 Sekunden / Stufe 4 bis 5 verrühren. Den Siebeinsatz einhängen und die Limomade (z.B. in eine Karaffe) abseihen.

Anmerkungen:

- Noch erfrischender schmeckt die Limonade, wenn sie mit Mineralwasser zubereitet wird (Vorsicht: Beim Verrühren schäumt es ziemlich, daher lieber nur auf Stufe 2, dafür aber etwas länger!).
- Wer es nicht gerne so stückig mag, kann die Flüssigkeit vor der Zugabe des Wassers noch durch ein feines Sieb seihen.
- Am nächsten Tag, gut durchgezogen, schmeckt die Zitronen-Limo wie Bitter Lemon.
- Im Anschluss an dieses Rezept bietet es sich an, aus den Resten direkt unser vielseitiges Putzmittel herzustellen. Das Rezept finden Sie ebenfalls in diesem Band.

Rezeptvarianten:

- Anstelle von Zitronen unbehandelte Limetten verwenden, dann aber evtl. etwas mehr Zucker geben, damit es nicht zu sauer wird.
- Auch mit Brombeeren eine willkommene Erfrischung.